Hermann Everlien

Über Judas Machabee von Gautier de Belleperche

Hermann Everlien

Über Judas Machabee von Gautier de Belleperche

ISBN/EAN: 9783743459250

Hergestellt in Europa, USA, Kanada, Australien, Japan

Cover: Foto ©Thomas Meinert / pixelio.de

Manufactured and distributed by brebook publishing software (www.brebook.com)

Hermann Everlien

Über Judas Machabee von Gautier de Belleperche

ÜBER
JUDAS MACHABEE
VON GAUTIER DE BELLEPERCHE.

INAUGURAL-DISSERTATION

ZUR

ERLANGUNG DER DOCTORWÜRDE

DER

HOHEN PHILOSOPHISCHEN FAKULTÄT

DER

VEREINIGTEN FRIEDRICHS-UNIVERSITÄT
HALLE-WITTENBERG

VORGELEGT VON

HERMANN EVERLIEN
AUS WENZEN.

HALLE A. S.
HOFBUCHDRUCKEREI VON C. A. KAEMMERER & CO.
1897.

MEINER MUTTER.

Zu den Teilen der Bibel, welche am frühsten eine dichterische Bearbeitung im Altfranzösischen gefunden haben, zählt das erste Buch der Makkabäer. Die heldenhaften Thaten des ritterlichen Judas und seiner tapferen Brüder erregten das ganze Interesse jener Zeit, welche für alles Ritterliche und Heldenhafte Begeisterung hegte. Stellen aus Guiraut de Calanson (Bartsch, Denkmäler der provenç. Litt. S. 98) und dem Roman de Flamenca (P. Meyer, Paris 1865, Vers 647 und 48) bezeugen, dass die Geschichte dieser grossen Juden schon früh von Dichtern behandelt worden ist.

Im Folgenden will ich eine der beliebtesten Bearbeitungen dieses Stoffes auf Inhalt, Quelle, Verfasserschaft untersuchen und zwei längere Stücke (zusammen 1018 Verse) daraus mitteilen.

Wenn ich von den Übersetzungen der ganzen Bibel oder des ganzen alten Testaments hier absehe, auch von Übersetzungen der Vulgata in Prosa, sind mir vier altfranzösische Dichtungen über die Makkabäer bekannt.

1. Cod. 113 der Bibliothek zu Bern (ed. E. Stengel „Frammenti di una traduzione libera dei libri dei Maccabei" in der Rivista Di Filologia Romanza, 1875, II. pg. 82—90). Die Bruchstücke enthalten 320 Zehnsilbler, deren Verfasser unbekannt ist. Nach Emil Münchmeyer („Tva Fragment Efter en Versifierad Fornfransk Bearbetning Af Maccabeer-Bockerna", Upsala 1886, pg. 3) entsprechen Vers 1—52 dem Kap. IV, 19 ff., Vers 52—320 dem Kap. VI, 35 ff. des

ersten Buches der Makkabäer, doch ist die Übersetzung äusserst frei und stark erweitert. Das Gedicht ist von einem Pikarden verfasst und gehört dem XIII. Jahrhundert an (cf. Münchmeyer a. a. O. pg. 40). Die Dichtung ist von den folgenden unabhängig.

2. Bibl. nat. fr. 6447, fol. 89 d ff.

Stoff zur Beschreibung dieser Handschrift kann ich nur schöpfen aus dem Werke „Notice du Ms. Bibl. Nat. Fr. 6447" par M. Paul Meyer, Paris 1896, pg. 25 ff. Das Gedicht ist nur in einer Prosabearbeitung bekannt, die aber der vielen Alexandriner und Achtsilbler wegen, die oft schlecht oder gar nicht der neuen Form sich angepasst haben, ihren ursprünglichen Charakter nicht verleugnen kann. Bisweilen zeigt die Bearbeitung reine Prosa, die genau dem lateinischen Texte der Vulgata entspricht, doch steigt der Bearbeiter immer wieder in die Poesie hinauf. Er hat jedenfalls eine Chanson de geste, die in Alexandrinern abgefasst war (Meyer, a. a. O. pg. 26) und eine Dichtung in Achtsilblern (Meyer, a. a. O. pg. 28) in Prosa umzugiessen versucht. Dichter und Prosabearbeiter sind unbekannt. Die Bearbeitung umfasst beide Bücher der Makkabäer. Nach dem mir zur Verfügung stehenden Material zu urteilen, steht diese Handschrift mit keiner der übrigen in näherer Beziehung. Hierauf werde ich an späterer Stelle nochmals zurückkommen[1]).

3. Bibl. nat. fr. 15104.

Da mir auch hier nur wenig Material zur Hand ist, so halte ich mich an die ausführliche Beschreibung, die Jean Bonnard giebt in „Les Traductions de la Bible en vers frç. au moyen-âge", Paris 1884, pg. 177 ff. Danach besteht die Handschrift aus 73 Blättern mit etwa 8500 Achtsilblern und stammt aus dem Jahre 1285, wie uns die Dichtung selbst lehrt. Das Werk ist gewidmet einem Herrn ...... Guillaume, Bl. 72 d.

---

1) Vergl. S. 35.

Qui de l'empire et dou roiaume
Porte le pris de chevalier
Net et preudomme droiturier;
El teus doit bien chevaliers iestre, Bl. 73 a.
En Flandres doit avoir son iestre.
Mil et CC. IIII. vins ans
Et encor. V. icis roumans
Fu translatés et mis en rime. (Bonnard, a. a. O.
pg. 177). Dass der Dichter mit diesem Ritter den zweiten Sohn des flandrischen Grafen Gui de Dampierre († 1305 als Gefangener des Königs von Frankreich zu Compiègne), Guillaume de Tenremonde, meint, ist sehr wahrscheinlich, aber nicht erwiesen. Keineswegs aber kann er Guillaume de Dampierre gemeint haben, wie der Baron de Reiffenberg (Bd. I, Eltg. S. 195 der Chronique de Philippe Mouskes, Brüssel 1836) und van Hasselt („Essai sur l'histoire de la poésie frç. et belgique", S. 6 und S. 74) annehmen; denn dieser fiel schon 1251 in einem Turnier zu Trazegnies. Auch befinden sich beide im Irrtume, indem sie dieses Gedicht Gautier de Belleperche zuschreiben. Der Dichter ist unbekannt (Bonnard, a. a. O. S. 177), er gehört einer Provinz des Nordens an (Bonnard, a. a. O. S. 178). Die Bibel hat ihm als Vorlage gedient. Er beschreibt Judas' Leben und schliesst mit dessen Tode (Bonnard, a. a. O. S. 179). Das Gedicht ist noch nicht herausgegeben. Nach Stengel „Frammenti etc.", S. 83 lautet der Titel und Anfang des Gedichtes: *Ichi encomence la noble chevalerie de Judas Macabé et de ses nobles freres.*
Pour la noble chevalerie,
Cui dius li fius sainte Marie
Saut et gart et doinst grant hounour,
Voil ci encomencier la flor
Des materes et metre en rime [1].

---

[1] L. Delisle erwähnt die Hs. im „Inventaire général et méthodique des ms. fr. de la B. N." S. 17, Paris 1876, ohne eine nähere Beschreibung derselben zu geben.

Wir behandelten unter 1 bis 3 Dichtungen, deren Verfasser unbekannt, und von denen 2 und 3 noch nicht im Druck erschienen sind.

4. Eine andere, gleichfalls noch ungedruckte Dichtung, — diejenige, der diese Untersuchung gewidmet ist — ist in drei Handschriften erhalten und ist von einem namentlich bekannten Dichter[1]).

A. Bibl. nat. fr. 19179[2]).

Nach Mitteilungen des Herrn Prof. Suchier, der die Handschrift in Paris einsah, zählt dieselbe 147 Blätter und enthält 23516 Achtsilber. Das Gedicht beginnt wie C, ist jedoch unvollendet und schliesst:

Se li ont dit et devisé
Ce que Bachidés li manda.
Et Judas bien les escolta
Et si a le brief porveü
Et aprés lor a respondu, d. i. gleich Vers 183d

10 von Handschrift C. Während jedoch A 23516 Verse hat, zählt C bis zu dieser Stelle nur 21676; A hat also 1840 Verse mehr. In den von mir mitgeteilten 1018 Versen fehlen der Hs. A 2, der Hs. B 6, der Hs. C 54 Verse. Die Hs. A scheint demnach die vollständigste und beste zu sein. Näheres kann ich über diese Thatsache nicht feststellen, da mir der vollständige Text von A und B fehlt.

B. Bibl. nat. fr. 789.

Nach Bonnard (a. a. O. S. 174 ff.) enthält diese Handschrift eine Fortsetzung von A, die im Jahre 1280 durch Pierre du Riés angefertigt ist, der sich selbst und das Jahr

---

1) Eine vierte Hs. befindet sich nach C. G. A. Lambert's „Catalogue des manuscrits de la bibliothèque de Carpentras", Bd. I, S. 242—43, Ausg. 1862 in einer Sammelhandschrift zu Carpentras. Es heisst daselbst unter 401: „*Fragment du roman de Judas Machabeus, composé par Gautier Albarestier de Belle-Perche, et achevé par Pierre du Riés; pris d'un vieux parchemin en cette ville de Reims. Manuscrit de 3 f. papier.* — Näheres fehlt mir über diese Handschrift.

2) Vgl. S. 7 Anmerkung.

der Abfassung seines Werkes am Anfange der Fortsetzung Bl. 218 b nennt. Bonnard sagt a. a. O. S. 175: *Le texte du ms. B. N. 789 n'est pas absolument identique à celui du ms. 19179; ce dernier est, en somme, supérieur. Le ms. B. N. 789 abrège un peu le récit et saute parfois des phrases entières.* A. P. Paris giebt uns in „Les manuscrits frç." Bd. VI, S. 205 einige Daten der Geschichte dieser Handschrift: *Avant d'appartenir à Julien Brodeau, le manuscrit de Judas Machabée était la proprieté de Fauchet*[1]*), qui a mis une note en tête du premier feuillet, et plusieurs explications et corrections marginales dans le courant du récit. Au XVe siècle, il appartenoit à l'un des pères de notre histoire générale, Nicolas ou Nicole Gilles, dont voici la souscription autographe* (fo. 218r⁰). „*Pertinet Nicolas Gilles, domini nostri regis notario et secretario, ejusque in camera computorum clerico. Et emit Turonis a Johanne Dusseau Bellijoci, prope Loches. In mense januarii 1483.*" (Loches, Stadt der Touraine, dép. d'Indre-et-Loire).

C. Diese Handschrift befindet sich in der Königlichen Bibliothek zu Berlin und hat die Signatur Hamilton 363. Sie ist in einen starken, roten Ledereinband gebunden und umfasst 203 Pergamentblätter von 16×24 cm Grösse. Das Pergament ist hell und zart; Risse in demselben sind fein zugenäht, Löcher sorglich umschrieben. In der Handschrift befinden sich 24 Miniaturen, die jedoch für unsere Untersuchung ohne Belang sind. Sie sind reich mit Gold ausgelegt; bei ihrer kunstvollen Anfertigung sind blaue, grüne, schwarze, weisse, ziegel- und karmoisinrote Farben benutzt worden. Den ersten neun Miniaturen folgen grosse, künstlerisch ausgeführte, kolorierte Initialen, während kleinere daneben oft in der Handschrift vorhanden sind.

Die Schrift ist kräftig, deutlich und schön; sie stammt etwa aus der ersten Hälfte des XIV. Jahrhunderts. Mit Ausnahme von Blatt 81—96 ist die Handschrift von einer Hand geschrieben. Die Liniierung mit Blei ist deutlich

---

[1] Vgl. S. 45.

sichtbar. Streichungen und Korrekturen sind äusserst selten. Auf Blatt 1 r der Handschrift ist ein Wappen, in dessen roten Barren sich fünf silberne Muscheln befinden. Das linke, obere Feld zeigt auf blauem Untergrunde einen goldenen Löwen, umgeben von goldenen Lilien. Auf dem goldenen Untergrunde der übrigen drei Felder gewahren wir je vier blaue Adler. Unter dem Wappen befindet sich der übliche Halbmond mit der Inschrift: *Los en croissant.*

Nach André du Chesne „Histoire généalogique de la maison de Montmorency" S. 591, Paris 1624 ist das auf 1 r unserer Handschrift gemalte Wappen dasjenige von André de Laval, welches sein Sohn Jean de Laval und nach ihm die Herren von Loué beibehielten. André erhielt von seinem Vater, Guy VIII. († 1295) im Jahre 1292 die Herrschaft über Châtillon en Vendelais etc. und nahm das obige Wappen an. Dasselbe datiert also erst von 1292. Demnach ist die Berliner Handschrift nach 1292 für André oder einen seiner Nachkommen geschrieben worden.

Jedes Blatt der Handschrift hat vier Spalten zu je 30 Versen. Die Spalten jedes Blattes werden im Folgenden mit a, b, c, d bezeichnet.

Weniger als 30 Verse haben folgende Spalten: 1 a; 10 d; 11 a; 24 b; 33 c; 47 c; 52 a; 53 c; 61 d; 62 b; 69 b; 75 b, c; 91 c; 93 b; 94 d; 99 b; 101 d; 107 a, b; 108 d, 115 d; 124 b, c; 126 a, b; 132 c; 141 a; 147 b; 159 b; 168 b; 170 b; 183 a; 190 b; 196 b; 203 a. Unbeschrieben sind 203 b, c, d.

Die Handschrift enthält im Ganzen 23962 Verse.

Ich lasse nun eine Inhaltsangabe des Gedichtes auf Grund der Hamilton-Handschrift folgen und weise dabei fortlaufend auf die benutzten Quellen hin.

Inhalt.

Nachdem der Dichter den Zweck und die Entstehung seines Gedichtes verkündet hat, macht er uns mit seinem Thema bekannt. Er will erzählen von dem tapfersten und tugendhaftesten Helden, den je die Welt gesehen hat und sehen wird, der Hektor und Achilles, Eumenides und Herkules, Roland und Olivier überstrahlt;
Lyons ert lievres envers lui (1 d 9).
Einleitung[1]) 1 d 10—27 c 17 (Kap. I und II).
Der Dichter erzählt die Kriegszüge Alexanders d. G. (I. 1—10). Der König Antiochus strebt nach dem Besitze Ägyptens. Ihm unterwirft sich ein Teil des Volkes Israel, der von Gott abgefallen ist, während der andere Teil am alten Gesetze festhält 3 c 1 (I. 16). Antiochus zieht mit einem See- und Landheere nach Ägypten und bereitet sich zu einer Schlacht vor. Der ägyptische König Ptolemäus zieht mit einem Heere dem Eindringlinge entgegen und sucht vergeblich mit ihm Verhandlungen anzuknüpfen. Die Schlacht beginnt. Nach heissem Ringen lässt Ptolemäus die Seinen im Stiche und entflieht. Die Grossen Ägyptens ergeben sich dem Könige Antiochus, leisten ihm den Lehenseid und empfangen ihr Land zurück. Ptolemäus flieht nach Kairo[2]) und eilt von dort mit seinen Schätzen nach Indien. Antiochus zieht in Ägypten umher, befestigt Burgen und Städte und unterwirft dann noch Kairo[2]) 10 d 27 (I. 20). Nun zieht Antiochus nach Jerusalem, raubt die kostbarsten Schätze und schändet die heiligen Stätten. Mit dem Tode bedroht er alle Juden, die nicht an die heidnischen Götter glauben wollen. Um den Unterjochten die grösste Schmach anzuthun, setzt er einen Priester über sie und verleiht diesem das jus primae noctis (I. 34). Wie schwer diese

---

1) Die nicht eingeklammerten Zahlen geben die Verse der Handschrift an, während die eingeklammerten auf das erste Buch der Makkabäer verweisen. Ich bediene mich der Vulgataausgabe von K. v. Tischendorf, Lips. 1873.

2) Hs. babilone 10 c 17; 10 d 13.

Schande auch auf dem ganzen Volke lastet, so wagt doch niemand sich zu widersetzen 11d 28. Ein angesehener Jude, Mathathias, hat fünf Söhne und eine Tochter. Am Hochzeitstage ihrer Schwester beschliessen die Brüder sie nicht dem heidnischen Priester preiszugeben. Einer von ihnen, Judas genannt, schleicht sich mit ihr in des Priesters Gemach und tötet ihn zur grossen Freude aller gottgetreuen Israeliten. Um die Gewaltthat zu rächen, zieht der gefürchtete Fürst Holofernes mit starker Streitmacht gegen Jerusalem. Den gläubigen Priester Akuior, der mit ihm unterhandeln will, lässt er vor den Thoren der Stadt kreuzigen 13c 10.

Eine schöne Jungfrau Judith begiebt sich in das feindliche Lager und tötet den Fürsten in seinem Schlafgemache, als er an ihr seiner Lust fröhnen will. Sie verkündet den Juden ihre That, die nun den Feind angreifen und in die Flucht schlagen. Zum Andenken an der Jungfrau That und den Sieg wird das Fest der Kammern eingesetzt 15b 4[1]).

Mathathias zieht mit seinen Söhnen nach Modin; doch will der Dichter später auf ihn zurückkommen.

Mit einem neuen Heere schickt Antiochus nun seinen Feldherrn Polipus gegen die Juden. Unter friedlichen Vorspieglungen kommt dieser nach Jerusalem und richtet dort arge Verwüstungen und ein grosses Blutbad an. Er lässt die Stadtmauern schleifen und erbaut ein festes Kastell. In dieses legt er eine Besatzung und zieht dann aus zur Züchtigung der übrigen Juden 15d 20. Die Besatzung verübt gegen die Juden die grössten Gewaltthaten. Viele Juden fliehen in die Wälder und Berge, um der Schmach zu entgehen, besonders als Antiochus die schärfsten Massregeln ergreift, um ihren Glauben zu vernichten 16d 20 (I. 67).

Der Dichter giebt darauf die hervorragenden Punkte der Geschichte Israels wieder von dem Einzuge ins gelobte

---

1) Quelle s. S. 27.

Land an bis zur Ausgiessung des heiligen Geistes. Dann fordert er alle Christen auf das Kreuz zu nehmen und Jerusalem wiederzuerobern 18 b 8.

(II. 1.) Mathathias hat fünf Söhne: Johann Gaddis, Simon Thasi, Judas Makkabaus, Eleazar Aaron, Jonathan Apphus.

Alle Gläubigen sind in tiefer Trauer über die Schmach, die ihnen und der heiligen Stadt widerfährt. In inbrünstigem Gebete klagt Mathathias Gott all' das Leid seines Volkes Israel. — Abgesandte des Königs versuchen vergeblich ihn zum Götzenopfer zu bewegen, lieber will er den Tod erdulden, als den Sabbath entheiligen 19 b 25 (II. 12).

Mit Hilfe seiner Anhänger werden von ihm die Abtrünnigen getötet und die Götzenbilder in Modin vernichtet. Mit vielen Gläubigen zieht er sich dann ins Gebirge zurück (II. 28) Ein starkes, heidnisches Heer rückt unter Polipus' Führung heran und tötet viele wehrlose Israeliten (II. 38).

Im Dunkel der Nacht überfällt danach Mathathias das Heer Polipus' und treibt dasselbe nach hartem Kampfe in die Flucht.

Judas Makkabäus zeichnet sich in der blutigen Schlacht durch grosse Tapferkeit und Stärke aus. Nach Modin zurückgekehrt, hält Mathathias ein strenges Strafgericht über die gottlosen Juden ab und richtet den alten Gottesdienst wieder ein. In längerer Rede heisst Mathathias dann seine Söhne auf Gott vertrauen und stirbt. Judas Makkabäus tritt die Regierung an 27 c 17 (II. 70).

Thema 21 c 18—202 d 28 (III. 1—XIII. 30)[1]).
Hui mais commence bons romans 27 c 21.

1. 27 c 18—42 c 24. Judas zieht im Lande umher und erobert die abgefallenen Burgen und Städte 28 c 3 (III. 9).

---

1) Die Einteilung in Kapitel steht nicht in den Handschriften.

Gegen ihn rückt der reiche Apollonius, ein Vasall des Königs Antiochus, mit starker Streitmacht bis in die Nähe Modins und wird in einer mörderischen Schlacht von Judas getötet, sein Heer in die Flucht geschlagen. Judas übertrifft alle Kämpfer an Ausdauer und Tapferkeit, nicht 100 Ritter können soviel Anstrengungen ertragen, wie er allein 34a 1. Mit Feindesblut färbt er die Erde rot; den Seinen ist er Schutz und Schirm 38c 17. Apollonius' gutes Schwert begleitet nun Judas in manchem Kampfe bis an sein Ende 42a 26. Mit Beute reich beladen tritt das siegreiche Heer den Heimweg an und zieht unter lautem Jubel in Modin ein (III. 12).

2. 42c 25—51b 29. Um die erlittene Schmach seines Königs zu rächen, kommt Seron, Fürst von Syrien, mit einem mächtigen Heere bis nach Bethoron 43a 4. Mit nur geringen Streitkräften ziehen die Juden gegen ihn. Nach heftiger Gegenwehr und vielen Verlusten flieht Seron mit den Resten seines Heeres in das Land der Philister (Pelisiin) 50b 20 (III. 24).

Judas' Schwert bringt den Feinden so grosse Verluste bei, das sie es für ein Geschenk des Teufels halten. Oft gerät er in die höchste Not im Gedränge der Schlacht, aber Gott ist sein Schutz 48c 23. Die Sieger kehren nach Modin zurück. Von hier aus unternimmt Judas glückliche Kriegszüge gegen neidische Nachbaren (III. 25).

3. 51b 29—54a 8. Bei der Nachricht über die unglückliche Schlacht schwört Antiochus das ganze Volk Israel zu vertilgen. Die Herrscher aller seiner Länder entbietet er mit ihren Scharen zu sich. Ein glänzendes und mächtiges Heer sammelt sich vor den Thoren Antiochiens. Mit der Hälfte desselben zieht der König selbst nach dem schätzereichen Persien. Vorher übergiebt er Lysias die Regierung bis zu seiner Rückkehr oder, falls er sterben sollte, bis zur Volljährigkeit seines Sohnes Antiochus (III. 37).

4. 54a 9—73d 30. Die andere Hälfte des Heeres zieht siegesbewusst in das Land Judäa und lagert sich bei Amao (amahon) 56c 16 (III. 40). Nur mit seinen Kerntruppen zieht Judas ins Feld. Auf dem Marsche begiebt er sich erst mit den Truppen zum Gebet nach Masfa, da Jerusalem verwüstet ist. Dann bricht er auf gegen den Feind, (III. 60) doch kommt es der eingetretenen Dunkelheit wegen nicht mehr zur Schlacht 56d 17. In der Nacht versucht Gorgias mit einem Teile des Heeres die Juden im Lager zu überfallen 57c 1. Judas erhält Kunde von diesem Plane, umgeht Gorgias und überfällt das unbewachte Lager der Feinde (IV. 6). Diese fliehen nach grossen Verlusten, sammeln sich jedoch bei Tagesanbruch abermals zur Schlacht. Die Juden erfasst ein grosser Schrecken, als sie die ungeheuere Menge der Feinde erblicken 60c 4. Judas spricht ihnen jedoch Trost ein und heisst sie auf Gottes Hilfe hoffen, der sie sicherlich unterstützen wird. Von hohem Kampfesmute beseelt, ziehen nun die jüdischen Krieger gegen den Feind 61a 30 (IV. 11).

Die Schlacht ist furchtbar. Judas bricht sich durch das dichteste Gedränge Bahn, wie der gehetzte Eber durch die Meute 62d 15. Alle meiden ihn, wie das Lamm den Wolf 63b 11; selbst der tapfere Tolomeon flieht vor ihm, wie der Hirsch auf der Heide 65a 30. Er ist bei den Feinden mehr gefürchtet, als die Schlange bei den kleinen Tieren des Waldes 71d 7. Nach heftigem Widerstande fliehen die Feinde teils in das Land Idumäa, teils in die Stadt Teïesa 72b 27. Gorgias kommt mit seiner Abteilung zurück und flieht eilends nach Gezeron. Judas kehrt mit reicher Beute nach Modin zurück (IV. 25).

5. 74a 1—100b 4[1]). Für den Frühling rüstet Lysias nun zu einem neuen Rachezuge gegen die Juden. Die wunderbarsten und grausamsten Völker sammelt er unter seinen Fahnen in Antiochien. Durch einen ausgesandten Kundschafter erhält Judas Nachricht von den gewaltigen

---
Vgl. S. 28 ff.

Rüstungen und sammelt seine Mannen um sich. Bei Bethzura kommt es zur Schlacht. Die Juden haben viel zu leiden unter der erdrückenden, feindlichen Übermacht, aber Judas wirft die Feinde zu Boden, wie ein Unwetter das Getreide 92a 22, gleich einem gereizten Bären stürzt er sich auf sie 92d 16. Niemand wagt ihm entgegen zu treten, gleichwie der Falk nicht zu fliegen wagt, sobald er den Adler erblickt hat 97a 26. Nach hartem Kämpfen und Ringen wenden sich die Feinde zur Flucht. Lysias flieht nach Tyrus und begiebt sich von dort nach Antiochien zurück. Judas zieht mit seinem Heere nach Jerusalem und lässt dort das heidnische Kastell belagern (IV. 37).

6. 100b 5—102c 10. Judas baut das verwüstete Jerusalem wieder auf und lässt die entweihten, heiligen Stätten reinigen. Sieben Festtage werden angelobt zur Erinnerung an die Tempelreinigung (IV. 59). Das Kastell wird vergeblich belagert, doch erbaut Judas im Lande neue Burgen und befestigt Städte (IV. 60). Er besiegt die Rabustäer, Idumäer, die Söhne Beans, die Ammoniter und das Land Jazer. Mit reicher Beute kehrt er schliesslich nach Jerusalem zurück (V. 8).

7. 102c 11—121c 8. Die Bewohner von Galaad belagern mit Unterstützung aus Baratin und Arabien die jüdische Veste Datheman unter Timotheus' Führung (V. 13). Zu derselben Zeit verwüstet Ptolemäus mit Truppen aus Ptolemaïs, Tyrus und Sidon das Land Galiläa (V. 15). Nach eingehender Beratung mit seinen Brüdern und Freunden 103c 5, zieht Judas mit einem Heere nach Datheman, Simon nach Galiläa. Judas' Verwandte Joseph und Azaria bleiben mit einer Abteilung zum Schutze Jerusalems zurück (V. 19). Simon treibt die Heiden in siegreichen Schlachten bis nach Ptolemaïs zurück und kehrt ruhmbeladen heim 107a 29 (V. 22). Judas hat auf seinem Zuge viel zu kämpfen gegen Bären, Leoparden, Löwen, Schlangen, Tiger, Geier und andere wilde Tiere 107b 11. Er bestraft zuerst die Festungen, in denen jüdische Gefangene sich befinden und

plündert und brandschatzt viele Städte. Die Männer derselben werden getötet; Frauen und Jungfrauen erheben laute Klage um die Toten 108c 24 (V. 28). Dann entsetzt Judas eine Festung, die von Timotheus hart belagert wird und sich kaum noch halten kann. In heftiger Schlacht wird der Feind vertrieben, und grosser Jubel herrscht in der befreiten Stadt 110a 26 (V. 34). Nun zieht Judas strafend im Lande Galaad umher. Er nimmt die starke Festung Masfa mit Sturm und verwüstet dieselbe 114b 14. Noch manche Stadt erleidet dasselbe Schicksal 114d 16.

Voll Schmerz vernimmt Timotheus die Kunde von Judas' Verwüstungen. Mit einem Heere, zu dem der König von Arabien mit starker Streitmacht gestossen· ist, zieht er gegen ihn. Als Judas aber mutig bei Raphon den Fluss überschreitet, da schwindet den Heiden der Mut, und eilends entfliehen sie, verfolgt von den Juden. In der Stadt Karnaim finden die Fliehenden eine Zuflucht, aber Judas setzt die ganze Stadt in Brand, sodass alle elendiglich in den Flammen umkommen 116d 11 (V. 44). Hiernach tritt Judas den Heimweg an und erobert auf demselben noch unter grossen Schwierigkeiten die starke Bergveste Ephron. Unter lautem Jubel zieht er dann mit dem siegreichen Heere nach Jerusalem. Doch schnell sollte die Freude der Traurigkeit weichen (V. 54).

8. 121c 9—124a 23. Joseph und Azaria nämlich sind trotz Judas' Verbot gegen Gorgias ausgezogen, um sich auch Kriegsruhm zu erwerben, und haben eine schwere Niederlage erlitten (V. 61). Judas rächt sie. Er schlägt die Heiden in vielen Schlachten und plündert und verwüstet ihre Städte (V. 68).

9. 124a 24—130c 14. Antiochus zieht unter vielen Kämpfen durch Asien, um das reiche Elimaïs (Elinarde) 124b 10, zu erobern, in dem einst Alexander seine ganzen Schätze zurückliess, als er gen Babylon zog. In furchtbarer Schlacht, in der die Perser, wie es bei ihnen in jeder Schlacht Sitte ist, Leopardengesichter machen 128a 20, weil

sie dadurch den Feind entmutigen und zum Weichen bringen, wird Antiochus besiegt und flieht nach Babylon (VI. 4). Hier erfährt er das Unglück der anderen Heere. Solch' harte Botschaft stösst dem alten Könige das Herz ab. Er fühlt des Todes Nahen und bereut bitter das den Juden angethane Unrecht 129 d 20. Er setzt seinen Sohn Antiochus als Erben der Krone, seinen Freund Philippus als Reichsverweser ein und stirbt 130 a 24 (VI. 16). Lysias eilt von Antiochien zu dem jungen Könige und erwirbt sich von diesem den Posten des Reichsverwesers. Antiochus nimmt den Namen Eupator an (VI. 17).

10. 130 c 15—164 b 16. Die heidnische Besatzung des Kastells in Jerusalem hat grosse Gewaltthaten an den Juden ausgeübt und wird von einem starken jüdischen Heere belagert 131 a 19 (VI. 20). Antiochus erhält durch Flüchtlinge von der Belagerung Nachricht und bricht mit einem grossen Heere zum Entsatze des Kastells auf. Tod und Verwüstung bezeichnen die Spur des Heeres in Judäa. Zuerst wird die Festung Bethzura (betheron) 132 d 23 (VI. 31) belagert. Unter Eleazars geschickter Leitung bringt die mutige Besatzung den Heiden manche Schlappe bei 136 a 22 (VI. 34). Judas erhält Nachricht von der Belagerten Not und bricht sofort zu ihrer Befreiung auf. Die Juden sehen sich einer erdrückenden Übermacht gegenüber, aber mutig und voll Gottvertrauen greifen sie an. Judas' Schwert aus Saragossa 145 d 20 lichtet die feindlichen Reihen und tötet manchen edlen Heiden (VI. 42). Eleazar sieht, welche Verluste den Seinen durch die Elephanten entstehen. Mit dem Schwerte dringt er deshalb auf diese ein und tötet den grössten und stärksten, auf dem er den König vermutet. Durch das umstürzende Ungeheuer erleidet Eleazar jedoch selbst einen jähen Tod (VI. 46). Judas eilt zur Rache herbei. Kein Tiger, kein Leopard kann soviel Blut vergiessen, wie er in dieser Schlacht 155 d 6. Selbst von den ungeheueren Elephanten tötet er viele. — Mit ausserordentlich grossen Verlusten ziehen sich gegen

Abend die Heiden zurück 161d 18. Eleazar, Abraham und noch viele tapfere Juden bedecken das Schlachtfeld 162a 7. Voll Trauer kehrt Judas nach Jerusalem zurück und bestattet seine beiden Verwandten im Tempel 162c 16. Dann zieht er nach Modin zu seiner Mutter, die untröstlich ist über ihres Sohnes Tod. Das Heer wird entlassen (VI. 47).

11. 164b 17—177a 8. Antiochus gewährt der Besatzung von Bethzura freien Abzug und legt eine starke Abteilung in die Stadt. Dann bricht er auf nach Jerusalem und trifft alle Vorbereitungen zur Belagerung (VI. 51). Die Aufforderung, sich freiwillig zu ergeben, weisen die Juden stolz zurück. Lange und heftig belagert Antiochus die Stadt, aber immer ohne Erfolg 170a 30 (VI. 54).

Philippus kommt nach Antiochien und tritt sein Amt als Reichsverweser an. Da das Volk ihn hocherfreut aufnimmt, beschliesst er sein Recht gegen den betrügerischen Lysias mit den Waffen zu verteidigen 170d 22 (VI. 56). Schweren Herzens vernimmt Antiochus die Kunde. Lysias, wohlwissend, dass er seinen Posten verlieren wird, wenn er ihn nicht mit dem Schwerte behauptet, weiss Antiochus zum Frieden mit Jerusalem zu bewegen. Obwohl der König beschwört nur die Oberherrschaft über die Stadt ausüben zu wollen, bricht er nach dem Einzuge doch die Mauern des Berges Sion ab 172a 29 (VI. 62).

Nun zieht Antiochus nach Antiochien. Die Bürger wollen ihm jedoch nur den Einzug gewähren, wenn er Philippus anerkennen will. Der König weigert sich jedoch Lysias fallen zu lassen, der schon seinem Vater treu gedient hat. Am folgenden Tage kommt es vor der Stadt zu einer erbitterten Schlacht zwischen den beiden Heeren, die einst innige Freundschaft verband 173b 12.

Hier schiebt der Dichter eine andere Erzählung ein: Ptolemäus, der frühere König von Ägypten, erfährt, dass Antiochus gestorben ist, und Philippus Ägypten verlassen hat. Mit einem grossen Heere erobert er ohne vielen

Widerstand sein ganzes Land zurück und führt noch ein langes, kriegerisches Leben 174 a 3.

Während der Schlacht ziehen sich die Städter hinter ihre schützenden Mauern zurück und verkünden beiden Parteien, dass sie sich dem Sieger übergeben wollen 174 b 10. Philippus sieht, dass er getäuscht ist. Vergeblich sucht er sein Heer über eine Brücke zu retten. Viele finden in dem reissenden Strome ihren Tod 174 d 23. Nach hartem Kampfe und vielen Verlusten entflieht Philippus mit den Trümmern seines Heeres 176 c 5. Die Bürger der Stadt nehmen den König freudig auf und finden Gnade vor ihm, indem sie die Kroninsignien übergeben und die Bücher, in denen alle hervorragenden Thaten beschrieben sind von Heiden seit Alexander d. G., von Christen seit Jesu Geburt (VI. 63).

12. 177 a 9 - 179 d 26. Seleucus' Sohn, Demetrius, zieht bei Lebzeiten seines Vaters nach Rom und erobert als Senator in glücklichen Kriegen viele Länder. Durch seine Mutter hat er Ansprüche auf Antiochus' Thron. Nach glücklichem Kriege hält er einen glänzenden Einzug in Rom und empfängt dort die Nachricht von seines Vaters Tode. Er segelt sofort von Rom ab und landet im Königreiche seiner Mutter, wo ihn die Bewohner als König anerkennen 178 a 17. Da es Winter ist, hindert die stürmische See ihn am Kriegführen. Er betreibt jedoch eifrig Rüstungen und geht im Frühling mit einem starken Heere nach Antiochien in See 178 c 30. Eupator glaubt, dass Demetrius zur Huldigung käme, doch sammelt er vorsichtigerweise ein Heer. Er empfängt seinen Verwandten freundlich; dieser aber lässt sowohl ihm wie Lysias den Kopf abschlagen. Ohne weiteres Blutvergiessen besetzt Demetrius dann die Stadt und wird überall im Lande als König anerkannt (VII. 4).

13. 179 d 27—190 b 14. Judas ruft seine Krieger nach Modin, um Jerusalem zu entsetzen, nichtwissend, dass Antiochus abgezogen ist gegen Philippus. Er kommt nach Jerusalem und erfährt des Königs Schandthaten. Voll Zorn

zieht er gegen den heidnischen Befehlshaber Alkimus, doch dieser flieht. Nun zieht Judas im Lande Judäa umher und bestraft die Ungläubigen 180 d 12.

Flüchtlinge bitten Demetrius um Hilfe gegen Judas. Auch der gottlose Alkimus erhebt ein grosses Klagelied vor dem Könige. Dieser sendet seinen Vertrauten Bachides mit einem Heere zur Rache aus. Der landeskundige Alkimus führt das Heer die rechten Strassen, und überall wird auf Befehl des Königs verkündet, dass Alkimus der Juden Herr sei 182 b 4 (VII. 9). Um vor Überfällen sicher zu sein, marschiert das Heer unter Sicherheitsmassregeln und in steter Kampfbereitschaft.

Des schurkischen Alkimus Plan, Judas unter friedlichen Vorspieglungen ins Lager zu locken und dann zu töten, weist Bachides erst stolz zurück, geht aber schliesslich darauf ein 183 a 20. — Gesandte verkünden Judas, dass Bachides nur gekommen sei, um Frieden zu schliessen, ja, dass der König ihn zu sehen wünsche. Judas solle zur Verhandlung ins Lager kommen, und weder ihm noch seinem Volke solle ein Leid geschehen. Man schenkt den Gesandten kein Vertrauen, da Alkimus sich beim Feinde befindet. Nach langer Beratung mit seinen Brüdern entschliesst sich Judas in Begleitung von 100 Rittern Bachides aufzusuchen 185 a 24. Die Boten kehren zurück und verkünden Judas' Entschluss (VII 15). — Alkimus legt sich mit 12 000 Mann in einen Hinterhalt und bricht daraus hervor, als Judas mit seiner kleinen Schar kommt 185 c 14 (IX. 8). Die Juden erkennen bald den Verrat, und viele wollen fliehen. Voll Gottvertrauen heisst sie Judas jedoch die Verräter bekämpfen 186 a 2 (IX. 10). Gleich im Anfange des Kampfes wird Bachides von Judas schwer verwundet. Johann Gaddis wird von den Gebrüdern Jambrin erschlagen 188 d 9. Judas ist von den Seinen durch das Kampfgewühl getrennt. — Nur noch zehn sind am Leben von der jüdischen Schar. Diese ziehen sich in ein nahes Kastell zurück, da sie Judas tot glauben 189 a 4. Von Feinden umringt, schaut der einsame Held vergeblich nach Hilfe aus. Als er sich ganz verlassen sieht, kämpft er mit verzweifeltem Mute, um sein Leben teuer zu verkaufen. Da stürmen zwanzig Ritter mit Lanzen zugleich auf ihn ein und bringen ihn zu Falle. Sein letztes Gebet sendet Judas zu Gott empor und stirbt (IX. 18).

14. 190b 15— 192a 12. Mit grosser Freude empfängt Demetrius den siegreichen Bachides.

Judas und sein Bruder Johann werden in Modin beigesetzt. In Israel herrscht tiefste Trauer (IX. 21). Jonathan wird zum Führer erkoren, und noch oft hat er gegen Demetrius und Bachides zu kämpfen. Die eroberten Festungen erhalten von Demetrius die sarazenischen Gebrüder Jambrin. Darauf zieht Demetrius nach Ptolemaïs und wird dort freundlich aufgenommen 191a 10. Jonathan und Simon bauen die zerstörten Vesten wieder auf, denn stets müssen sie auf der Hut sein vor Demetrius.

Um den Tod seines Bruders zu rächen, beschliesst Jonathan den Hochzeitszug des einen Jambrin zu überfallen. Der junge Gatte wird getötet, während seine Frau samt ihrer reichen Mitgift nach Modin gebracht wird 191c 12 (IX. 42).

Zwei Jahre lang erfreut sich das Land des Friedens. Auf Anstiften der neidischen Ungläubigen aber bricht Bachides in das Land ein. Als Jonathan und Simon mit 50 Rittern nach einer Burg ziehen, werden sie von dem Sarazenen Bediel verraten. Bachides überfällt sie und tötet viele, Simon und Jonathan aber entkommen (IX. 49). Mit neuen Truppen ziehen sie dem Eindringlinge entgegen und vertreiben ihn. Sieben Jahre regiert Jonathan dann im Frieden, geliebt von den Seinen, geachtet und gefürchtet von den Heiden (IX. 73).

15. 192a 13—194b 12. Antiochus' Sohn, Alexander, nimmt die Stadt Ptolemaïs in Besitz, unterstützt von den Anhängern seines Vaters. Demetrius sammelt ein Heer und bittet auch Jonathan um Hilfe, indem er ihm zugleich

glänzende Versprechungen macht. Auf seiner Verwandten
Rat lässt sich Jonathan aber auf keine Verhandlungen ein
193a 18 (X. 8). Als Alexander dies erfahren hat, sendet
er Gesandte mit reichen Geschenken an Jonathan und er-
wirbt sein Vertrauen. Jonathan wird im Tempel zum Ober-
priester gekrönt, und grosse Freude herrscht im Lande
Israel. Dann sammelt er ein grosses Heer, um seine Feinde
zu bekriegen. Demetrius sendet nochmals eine Gesandt-
schaft, aber wieder ohne Erfolg. Mit Hilfe der Juden be-
siegt Alexander seinen Gegner Demetrius, der in der Schlacht
fällt 193c 17 (X. 50).

Darauf bewirbt sich Alexander um die ägyptische
Königstochter Kleopatra. Auf Wunsch des Königs Ptolemäus
findet die Hochzeit unter grossem Pomp in Ptolemaïs statt.
Auch Jonathan ist zu der Feier geladen und wird trotz
vieler Verleumdungen vom Könige mit höchsten Ehren aus-
gezeichnet. Ungeachtet der feindlichen Neider kehrt Jona-
than nach Jerusalem zurück und lebt glücklich und in
Frieden (X. 66).

16. 194b 13—195c 6. Alexander lebt in Frieden,
bis der junge Demetrius mit Ansprüchen auf seines Vaters
Besitz hervortritt. — Alexander sammelt in Antiochien ein
Heer (X. 68). Demetrius lässt Jonathan durch den jugend-
lichen Apollonius zur Übergabe seines Landes oder zum
Kriege auffordern 194d 2 (X. 69).

Jonathan und Simon nehmen die berühmte Stadt Joppe
ohne Widerstand ein, da die Bürger eine Belagerung
fürchten. Apollonius zieht gegen Jonathan und erleidet eine
empfindliche Niederlage bei Asdod (Adour) 195a 5 (X. 77).
Die Besiegten fliehen teils in die Stadt, teils in den Tempel
Bethdagon (Breclaron) 195b 5 (X. 83). Beide Plätze werden
von den Verfolgern in Brand gesetzt, sodass durch Feuer
und Schwert an demselben Tage 8000 Feinde umkommen
(X. 85). Jonathan empfängt dann noch die Huldigung der
Stadt Askalon und wird vom Könige Alexander reich be-
lohnt (X. 89).

17. 195c 7—196a 30. Ptolemäus zieht mit einem Heere in seines Schwiegersohnes Land, um demselben Krone und Gemahlin zu rauben. Vergeblich suchen gottlose Juden ihn gegen Jonathan aufzureizen. Dieser kommt zu Ptolemäus und wird freundlich empfangen. Ptolemäus verheiratet seine geschiedene Tochter mit Demetrius und krönt sich in Antiochien zum Herrn von Asien und Ägypten 195d 30 (XI. 13). Nach vielen Kämpfen flieht Alexander in das Land Arabien und wird dort von dem Verräter Zabdiel (Gadiiel) 196a 13 (XI. 17) getötet. Dieser sendet des Ermordeten Haupt an Ptolemäus, den drei Tage darauf der Tod ereilt. Demetrius tritt die Regierung beider Königreiche an (XI. 19).

18. 196b 1—198a 28. Als Jonathan das Kastell in Jerusalem belagert, heisst Ptolemäus ihn die Belagerung aufheben und an den Hof kommen. — Mit den Ältesten aus Israel bringt er darauf dem Könige reiche Geschenke dar und wird mit Schlössern und Städten reich belohnt, als er heimzieht (XI. 28).

Da überall im Lande Friede herrscht, entlässt Demetrius sein Heer (XI. 39).

Darauf stachelt Tryphon den Sohn Alexanders, Emalkuel, dazu an, sein rechtmässiges Erbe zurückzuerobern, da alle Barone seines Vaters ihn unterstützen würden 196d 29.

Jonathan fordert zu dieser Zeit den König auf, die Besatzung aus Jerusalem zurückzuziehen. Dieser erfüllt sofort den Wunsch, bittet aber dafür um Hilfe gegen Emalkuel. 3000 Juden schützen den König in Antiochien gegen die heftigen Angriffe der Feinde. Schliesslich macht er Frieden und entlässt die Juden reichbeschenkt in ihre Heimat 197b 11 (XI. 51).

Stolz auf Macht und Reichtum verachtet Demetrius bald das kleine jüdische Land. Doch nicht lange dauert sein Hochmut. Tryphon erobert nämlich mit mächtigem Heere Antiochien und verjagt Demetrius, für den Emalkuel nun eintritt. Der junge König verleiht Jonathan grosse Vorrechte und beschenkt Simon reich mit Land 197c 20 (XI. 59).

Jonathan überschreitet den Jordan, sodass sich Syrien und Askalon ihm unterwerfen. Überall empfängt er Geiseln und dringt bis Askalon vor. Hier empfängt er die Nachricht, dass Ungläubige in Judäa eingedrungen sind, und Demetrius sein Land erobern will 197d 12. Simon befreit Judäa, während Jonathan ausserhalb seines Landes den Feinden eine empfindliche Niederlage beibringt. Die Sieger gehen nach Jerusalem zurück (XI. 74).

19. 198a 29—199d 30. Jonathan erfährt, dass die Feinde ihn in der Nacht überfallen wollen und lässt deshalb seine Krieger die ganze Nacht in Kampfbereitschaft verharren. Die Gegner erfahren dies und ziehen sich hinter einen Fluss zurück, ehe Jonathan es bemerkt (XII. 29). Dieser zieht nun nach Arabien, schlägt die Beduinen und verfolgt sie bis nach Damaskus. Über Askalon und Joppe zieht er nach Jerusalem zurück und befestigt im Lande Burgen und Städte zum Schutze gegen die Ungläubigen 199a 2 (XII. 38).

Tryphon zieht mit einem Heere zur Eroberung Judäas aus. Vor Jonathans Heere aber schreckt er zurück und legt sich auf einen Betrug. Durch schlaue Reden bewegt er Jonathan in Begleitung von nur 1000 Mann mit ihm nach Ptolemaïs zu ziehen. In der Stadt werden die Juden überwältigt, ihr Herr wird ins Gefängnis geworfen. Mit Schrecken vernehmen die Juden die Unglücksbotschaft. Sie erwählen Simon zu ihrem Führer (XIII. 10).

20. 200a 1—202d 28. Tryphon rückt mit grosser Streitmacht gegen Judäa und führt Jonathan mit. Er will den Juden Jonathan ausliefern, wenn sie den längst fälligen Tribut zahlen und Jonathans Söhne als Geiseln stellen wollen. Obwohl Simon des Heiden Falschheit durchschaut, so geht er doch auf den Vorschlag ein, um nicht vor den Seinen mit dem Tadel behaftet zu sein, dass er seinen

Bruder habe umkommen lassen (XIII. 18). Tryphon hält Jonathan trotz der Geiseln und Geschenke zurück und zieht nach Ador. Obwohl Simon sofort die Verfolgung aufnimmt, erreicht er ihn doch nicht, da hoher Schnee ihn hindert. In Baschama macht Tryphon Halt und tötet Jonathan und dessen Kinder 200c 13 (XIII. 23). In Antiochien bezieht er Winterquartiere.

Simon erfährt des Tyrannen grausige That und nimmt in einer Schlacht bittere Rache. Im Lager erbeuten die Sieger unermessliche Schätze. Tryphon wird gefangen und von Pferden zerrissen. Der Leichnam wird verbrannt, und die Asche in alle Winde zerstreut.

Jonathan und seine Kinder werden in der Familiengruft beigesetzt (XIII. 25). Simon erbaut eine überaus prächtige Grabstätte, in der die einbalsamierten Leichname seiner Verwandten beigesetzt werden 202b 30. Judas' Leichnam wird in köstlichen Purpur gehüllt und in ein silbernes, reich vergoldetes, nach manchem Weihrauch duftendes Grab gelegt. Ein Bild, von Künstlerhand geschaffen, wird an einer Säule am Grabe aufgehängt, und wenn der Wind es bewegt, so verkündet es:

Ci gist li Macabeus Judas,
Qui pour la sainte loi garder,
Que Dex vot a lui commander,
Ens es haus mons de Sinaï,
Que il garda et desfendi,
Fu ocis et martiriiés. 202d 9.

Ein Licht brennt Tag und Nacht auf diesem Grabe (XIII. 30).

Simon regiert sein Land mit viel Glück, geehrt von seinen Unterthanen.

Schluss. 202d 29—203a 6.

Der Dichter schliesst sein Werk mit dem Gebete:

Or prions Dieu qui est sans fin,
Que il nos doinst si boine fin,
Que fist cel, que ne volt finner,
De lui servir et ounourer.
Or nous face cescun si fin,
Qu'en son regne soions sans fin,
Qui ja nul jour mes ne faura!
A tant nos livres finnera.
A M E N
E X P L I C I T.

Quelle.

Wie schon bei der Inhaltsangabe aus den Hinweisen auf das erste Makkabäerbuch ersichtlich ist, entnimmt der Dichter den Stoff seines Gedichtes in der Hauptsache, sozusagen das Skelett, dem ersten Buche der Makkabäer. Der Dichter weist in seiner Dichtung selbst oft auf die Quelle hin, um die Wahrheit des Erzählten zu beteuern. Er nennt dieselbe: bible 118a 24, 132b 13, 195b 18; livre 2b 11, 20d 22, 109c 22; escrit 72c 16, 124b 21, 116b 28; escriture 192a 18. Ob dem Dichter ein lateinischer Text oder eine altfranzösische Übertragung desselben vorgelegen hat, kann ich nicht entscheiden. Die Erzählung über der Judith That nimmt er aus dem Buche Judith, Kap. 10--16. Er flicht diese bekannte Geschichte jedenfalls in den Rahmen seiner Erzählung als passendes Gegenstück zu der über das jus primae noctis [1]). — Es ist mir nicht gelungen, festzustellen, ob der Dichter noch aus anderen Quellen geschöpft hat. Obwohl eine solche Vermutung sehr nahe liegt, so kann ich doch nur feststellen, dass Petrus Comestor, Rabani Mauri „Commentaria in libros Machabaeorum[2]), Hildberti „De Machabaeis"[3]), Marbodi „Carmina septem fratrum Macha-

---
1) Vgl. S. 37.
2) Migne, Patrologiae CIX, S. 1125.
3) Ebenda CLXXI, S. 1293.

baeorum" [1], Petri de Riga „Aurora" [2], Hilarii „Versus in natali Machabaeorum martyrum" [3], Philippi Galtheri „Alexandreidos" nicht benutzt sind.

Fragen wir uns nun, wie benutzt der Dichter seine Quelle, so müssen wir gestehen, dass er aus ihr in der ausgiebigsten Weise schöpft. Er hält sich eng an den Text der Vulgata, lässt jedoch seiner Phantasie freien Lauf zu Abschweifungen auf Gebiete, wo er sich heimisch fühlt. Ich habe deshalb bei der Inhaltsangabe davon abstehen müssen, dem Dichter Schritt für Schritt zu folgen bei den sich immer wiederholenden, ausführlichen Schlachtbeschreibungen:

Que il n'annuiast a la gent,
Car cou avenroit trop sovent 147b 2.

Um jedoch eine Probe davon zu geben, werde ich im Folgenden das Bild der Schlacht bei Bethzura wiedergeben, welches uns der Dichter in nicht weniger als 2772 Versen malt 76a 9--99b 19 (IV. 29—35):

Judas rückt mit 10000 auserlesenen Kriegern ins Feld und erfährt durch Kundschafter, dass die feindlichen Truppen unter Lysias' Führung bei Bethzura lagern 76b 19. Bis auf drei Meilen rückt Judas an den Feind heran und macht in einem Walde Halt. Bei Tagesanbruch bewaffnet sich das ganze Heer. Judas legt eine kostbare Rüstung an. Über das rosenrote Unterkleid (auqueton) legt er das dreifach geflochtene Panzerhemd (auberc trellis) 76c 7. Über den Überwurf (houce) 76c 19 schnallt er das kampferprobte Schwert. Ein Ritter reicht ihm den mit Edelsteinen reich besetzten Stahlhelm. Jonathan und Simon schliessen ihm die Schlingen (las) und lassen das schnelle und starke Streitross vorführen. Er besteigt es und reitet die Front seiner Truppen ab 76d 6. Das Heer wird in fünf Treffen (conrois) zu je 2000 Mann eingeteilt:

---

1) Migne, Patrologiae CLXXI, S. 1603.
2) Ebenda CCXII, S. 31.
3) Ebenda L, S. 1275.

1. Anführer Judas, Begleitung seine Brüder.
2. Anführer Abraham, Begleitung sein Sohn Elias.
3. Anführer Sados, Begleitung Salatiel.
4. Anführer Apollinius, Begleitung sein Vetter Jonathan.
5. Anführer der 1000 Fusstruppen Joseph, des Restes Josias 77 a 22.

Lysias teilt sein Heer in 12 Treffen. Jedes Treffen zählt 1000 Ritter und 500 Soldaten (serjans). Anführer der Treffen sind:

1. Gorgias, 2. Rhodoans, 3. Polipus, 4. Ptolemeus, 5. . . . ., 6. Seron, 7. Lysias, Fürst von Tyrus, 8. Eliasas, 9. Lodinus, 10. Tryphon, 11. Nikanor, 12. Lysias. Das letzte Treffen wird noch durch 60000 Mann Fussvolk verstärkt, die in 4 Abteilungen geteilt sind.

Nach der Einteilung des Heeres erinnert Lysias die Anführer noch einmal an die Schmach, die Judas ihnen angethan hat. Unter Paukenschlag und Hörnerklang zieht dann das stolze Heer den Juden entgegen 78c 6.

Als Judas die grosse Zahl der Feinde sieht, fleht er inbrünstig zu Gott um Hilfe und Errettung. Nach dem Gebete hängt er den starken, azurblau bemalten Schild um, den ein gekrönter, goldener Löwe schmückt, und lässt sich die Lanze aus Eschenholz reichen. Dann richtet er sich hoch auf in den Steigbügeln, feuert mit zündenden Worten nochmals sein Heer an 79b 11 und stürmt dem Feinde entgegen, indem er weithin sein Feldgeschrei „Modin" erschallen lässt 79b 23.

Gorgias sprengt ihm entgegen. Beide werfen mit voller Wucht ihre Lanzen. Während Judas aber unverletzt bleibt, stürzt Gorgias kopfüber vom Rosse und wird nur durch Eingreifen seiner Mannen vor Judas' Schwerte bewahrt. Auf seiner Flucht wird er von Judas durch laute Zurufe verspottet 79c 28. Nun wendet sich Judas gegen die anderen Feinde und teilt furchtbare Schläge aus, den Seinen zur Freude, den Feinden zum Leide, denn manchen

Feind hat sein Schwert gar hart gebettet 79d 25. —
Gorgias hat ein neues Streitross bestiegen und greift wieder
in den wogenden Kampf ein. Judas bringt die feindlichen
Reihen in Verwirrung und sucht Gorgias wieder zu erreichen. Dieser aber zieht sich zurück und sammelt die
Seinen, um einen gemeinsamen Angriff zu unternehmen.
Von Judas' Brüdern wird dieser jedoch vollständig abgeschlagen, ja, Gorgias gerät in die grösste Gefahr, von
Eleazar erschlagen zu werden 80c 25. Als dieser aber zu
kühn vordringt, retten ihn drei seiner Brüder aus dem
Kampfgetümmel 80d 25. Judas, der auf dem anderen Flügel
kämpft, eilt herbei, und fluchend zieht Gorgias sich mit
seinem ganzen Treffen zurück 81b 1. — Voll Grimm bemerkt dies Rhodoans. Er feuert sein Treffen mit einer
kurzen Ansprache an und greift ins Gefecht ein. Das
Schlachtfeld ist eben, *Pour lor ceraus bien eslaiscier*
81c 1. Da die Juden ihre Lanzen schon verworfen
haben, kämpfen sie sofort mit den Schwertern. Jonathan
findet eine Lanze und durchbohrt mit ihr dem Heiden Salaton die Brust, sodass er tot vor Rhodoans vom Pferde sinkt
81c 23. Dieser misst sich nun mit Jonathan im Zweikampfe
und empfängt eine schwere Kopfwunde, sodass er vom
Pferde stürzt. Jonathan besteigt dieses, da sein Ross getötet ist, und kämpft gegen die übrigen Feinde 82b 14.
Rhodoans' Mannen stürzen nun von allen Seiten auf Jonathan ein, der jedoch von den Seinen Hilfe erhält. Judas
eilt auf das Kampfgeschrei herbei und sieht, wie Gorgias
mit einem beschriebenen Schwerte (branc lettré) einem
Juden den Damascener Helm (de Damas) und den Schädel
durchschlägt 82d 25. Racheschnaubend stürzt sich Judas
nun auf die Feinde und wirft sie zurück. Er ist bei ihnen
mehr gefürchtet als die Schlange bei den kleinen Tieren
des Waldes 83a 17.

Nun zieht Polipus mit dem dritten Treffen in den
Kampf. Auf dem weiten Kampfplatze beginnt ein mörderisches Ringen. Polipus und Johann Gaddis geraten mit

einander in einen Zweikampf, werden jedoch durch das Kampfgewühl wieder getrennt 83 d 25. Judas' Schwert lichtet der Feinde dichte Reihen; soviel Menschen und Rosse bedecken schon den Plan, dass ein hingeworfener Apfel immer ein Ross oder einen Menschen trifft 84 a 28. Das Blut fliesst in Strömen 84 b 8. — Als Abraham sieht, dass schon drei feindliche Treffen sich im Kampfe befinden, rückt er zur Unterstützung heran. Polipus wirft sich ihm entgegen und lässt sich mit Elias in einen Zweikampf ein, desgleichen Abraham mit Gorgias.

Rhodoans mischt sich wieder in den Kampf und wird von Judas getötet 85 b 24. Überall weicht der Feind zurück, wo Judas sich erblicken lässt. Mehr als 1700 Feinde bedecken schon das Schlachtfeld 85 c 23. Auf Verabredung rückt nun erst der tapfere Kaukarius[1]) heran. Er und Jonathan kämpfen mit einander und werfen sich gegenseitig in den Sand 86 a 18. Als beide zu den Schwertern greifen, eilt Kaukarius' Volk zur Unterstützung herbei, sodass Jonathan hart bedrängt wird. Da naht Judas. Sein Schwert richtet ein unbeschreibliches Gemetzel unter den Feinden an und rettet Jonathan 86 b 28. Kaukarius sammelt inzwischen 1000 Ritter, um Judas und Jonathan abzuschneiden. Diese aber durchbrechen die feindlichen Reihen und bringen sie in Verwirrung 86 d 17. Als Ptolemeus sieht, welche Verluste seine Partei erleidet, führt er sein Treffen in die Schlacht 87 a 29.

Judas und Ptolemeus erkennen sich an den Wappen und stürmen auf einander los. Judas zertrümmert den Schild seines Gegners, verletzt diesen aber nicht. Er jedoch wird so hart getroffen, dass sein Streitross der Wucht des Anpralls nicht standhalten kann und zusammenbricht. Jesus Christus und das Panzerhemd schützen Judas vor dem Tode 87 b 30.

---

1) K. ist der Führer des V. Treffens, der oben nicht genannt wurde.

Es entspinnt sich nun ein heftiger Schwertkampf zwischen den beiden Helden, bis Ptolemeus den Todesstreich empfängt 88a 10. Mit Wutgeheul stürzen sich die Heiden auf Judas. Er zieht sich bis zu seinen Brüdern zurück und wendet sich im Verein mit ihnen wieder gegen den Feind, der nach Rache dürstet für Ptolemeus' Tod 88b 15. Beide Parteien kämpfen verzweifelten Mutes. Kaukarius bringt den Juden schwere Verluste bei. Judas sammelt deshalb das erste Treffen und wirft sich ihm entgegen, vergeblich sucht er jedoch ihn zurückzudrängen 89 b 18. — Abraham hat einen schweren Stand gegen Polipus' und Gorgias' Scharen. Da kommt Sados mit dem dritten Treffen ihm zur Hilfe. Allen voran reitet Salatiel und rettet seinen Vater aus Gorgias' Händen. Sados wirft Polipus vom Pferde, der nur durch die Hilfe der Seinen sicherem Tode entrinnt. Beide Parteien kämpfen mit tiefer Erbitterung. Polipus und Gorgias treiben die Verzagenden immer wieder in den Kampf zurück. — Inzwischen ist Judas siegreich vorgedrungen und eilt Abraham zu unterstützen. Dieser hört Judas' Feldgeschrei und durchbricht die feindlichen Reihen, sodass die Juden nun vereint den Feind zurückwerfen 90 c 14.

Seron eilt mit dem sechsten Treffer zur Unterstützung herbei. Ein Zweikampf zwischen ihm und Johann Gaddis bleibt unentschieden. Der allgemeine Kampf beginnt von neuem. Judas teilt Hiebe aus, gegen die weder Schild noch Brünne (hauberc) schützen 91a 6. Auch die übrigen Juden richten ein grosses Blutbad unter den Feinden an, sodass diese hätten fliehen müssen, wäre nicht Lysias mit dem siebenten Treffen gekommen 91b 19. Simon Thasi wird in einem Zweikampfe von ihm aus dem Sattel gehoben und nur durch Judas' schnelle Hilfe gerettet. Lysias' Treffen hat die jüdische Schlachtreihe durchbrochen. Judas bemerkt dieses und stürmt mit einem Dutzend tapferer Genossen auf die Feinde. Er zerstreut sie wie der Wolf die Schafe 92a 11; er wirft sie zu Boden wie ein Unwetter das Getreide

92 a 22. Lysias sieht die Seinen weichen und sprengt abermals ins Schlachtgewühl. Hier trifft er wieder mit Simon zusammen. Beide schlagen ergrimmt auf einander los, bis Judas seinen Bruder aus der Gefahr rettet, indem er wie ein gereizter Bär sich auf die Feinde stürzt 92 d 16. Nun tritt auch das achte Treffen in Thätigkeit. — Judas bemerkt, wie die Seinen durch die Wucht des Angriffs zurückgedrängt werden. Er sprengt mitten durch das Gedränge und tötet den Anführer Eliasas mit einem Schlage 93 b 12. Wutentbrannt stürzen sich die Feinde von allen Seiten auf ihn und töten sein Streitross. Seine Brüder retten ihn aus der gefährlichen Lage. Er besteigt eines getöteten Feindes Ross und treibt überall die Gegner zurück 93 c 20. Bei der Schlachthörner Ruf sammeln sich die acht Treffen und unternehmen den Sturm auf die drei Treffen der Juden. Furchtbar erschallt das Schlachtgetöse 93 d 10. Viele Heiden werden getötet. Wäre Judas jedoch nicht gewesen, so hätten die Juden nicht widerstehen können.

Lodinus führt das neunte Treffen ins Gefecht. In grimmigen Einzelkämpfen finden viele Helden den Tod. Beide Parteien erleiden grosse Verluste.

Nun rückt das vierte jüdische Treffen heran und bedrängt besonders Lodinus' Truppen hart, sodass sie sich zurückziehen müssen 94 c 20. Ihnen kommt Tryphon zu Hilfe mit seinen Beduinen, die mit zottigen Tierfellen bekleidet, und deren Eisenhelme meist mit Leder überzogen sind. Bewaffnet sind sie mit Hornbogen (d'ars de cor), mit Pfeilen, die mit Widerhaken versehen sind (saietes barbelees), mit starken, stählernen Äxten. Alle tragen Hörner, auf denen sie blasen, dass die Erde erbebt 94 d 18. Judas hört der Hörner lauten Schall und eilt ihnen entgegen. Er stürzt sich mitten unter die Feinde und tötet viele. Nach blutigem Kampfe bringt er mit seinen Verwandten die Feinde zum Weichen 95 c 29. Nun greifen Nikanor und Lysias mit den beiden letzten Treffen vereint an. Auf karthagischem Rosse reitet Lysias in den Kampf. Judas und Jonathan werfen sich mit ihren Truppen diesem Angriffe entgegen. Lysias wird von Judas zu Falle gebracht und kann sich nur mit Mühe retten. Ein Zweikampf zwischen Nikanor und Judas bleibt unentschieden 96 c 21. Die Juden leiden sehr unter der erdrückenden Übermacht. Da greift Josias den einen Flügel an und bringt ihn zum Weichen 97 a 2. Auch Judas vernichtet viele Feinde. Niemand wagt ihm entgegenzutreten, gleichwie der Falk nicht zu fliegen wagt, sobald er den Adler erblickt hat 97 a 26. Lysias erblickt den verderbenbringenden Judas und zieht seine ganzen Fusstruppen ins Gefecht 97 d 10. Da diese ihre eignen Leute nicht kennen, so verwunden sie mehr von diesen als von den jüdischen, besonders da eine dichte Staubwolke auf den Streitenden lagert 97 c 4. Schliesslich greift auch Joseph mit dem jüdischen Fussvolke an und richtet die Spitze seines Angriffes auf das feindliche Fussvolk. Die Feinde bekommen Schläge, dass sie wie die Hunde heulen 97 d 16. Nach verzweifeltem Kampfe beginnen sie zu fliehen. Lysias sieht, dass ein weiteres Standhalten unmöglich ist. Er lässt zum Rückzuge blasen und wendet sich mit dem Rest seines Heeres zur Flucht, hoffend sich später an Judas rächen zu können. Die Juden verfolgen die Fliehenden bis Bethzura und töten noch viele von ihnen. Lysias entflieht nach Tyrus und von dort nach Antiochien.

Um zu zeigen, wie sehr unser Dichter den Text der Quelle hier erweitert hat, lasse ich ein Stück der Vulgata folgen [1]):

29. *Et venerunt in Judaeam, et castra posuerunt in Bethoron, et occurrit illis Judas cum decem millibus viris.*
30. *Et viderunt exercitum fortem, et oravit, et dixit: Benedictus es salvator Israel, qui contrivisti impetum potentis in manu servi tui David, et tradidisti castra alienigenarum in manu Jonathae filii Saul, et armigeri ejus.*

---

1) Kap. IV, 29—35.

31. *Conclude exercitum istum in manu populi tui Israel, et confundantur in exercitu suo, et equitibus.* 32. *Da illis formidinem, et tabefac audaciam virtutis eorum, et commoveantur contritione sua.* 33. *Deiice illos gladio diligentium te: et collaudent te omnes, qui noverunt nomen tuum in hymnis.* 34. *Et commiserunt praelium: et ceciderunt de exercitu Lysiae quinque millia virorum.* 35. *Videns autem Lysias fugam suorum, et Judaeorum audaciam, et quod parati sunt aut vivere, aut mori fortiter, abiit Antiochiam, et elegit milites, ut multiplicati rursus venirent in Judaeam.*

Um hingegen ein Bild davon zu geben, in wie knapper Fassung er den Text oft in die gebundene Form bringt, und zum Beweise der Berechtigung meiner Annahme, dass unsere Dichtung keinen näheren Zusammenhang hat mit der oben angeführten Handschrift No. 2, werde ich hier neben zwei Bruchstücken aus P. Meyer den entsprechenden Text der Vulgata und unserer Handschrift anführen:

I. P. Meyer a. a. O. S. 27. *De quel maniere il fu temptés a poi de mos vos iert moustré. Quant dex l'ot si visité, ki de sa moillier ki brehaigne ert li ot doné oir, moustra dex a Abraham com il veut ke nos l'amons. Quant li enfes fu creüs, et ert de mervellouse biauté et li peres l'ot chier conme son cuer, dex parla a Abraham, si li dist: „Abreham, tu as .I. fil ke tu aimes tendrement. Je voel ke tu le me offres en sacrifice." Et cil ke fist? Ne s'atarga mie; car mout ert joious quant dex le deigna reçoivre ne la u Dex li ot mostre k' il dut cel sacrifice faire. Atorna soi conme por le faire et sacha s'espee, et fist asme de ferir. Dont oï une vois ki dist: Ne faire, Abreham, ne faire; n'ai talent ke ton fil ocies; je voel esprover ta foi et l'amor ke as eüe a moi. En tel maniere fut Abraham temptés, et Dex son fait reçut en gre.*

I. Machab. II. 52: *Abraham nonne in tentatione inventus est fidelis et reputatum est ei ad iustitiam?*

Unsere Hs. 26 c 26 ff.:

Damedex Abrehan tempta
Quant il li dist et commanda
Isacart a sacrefiier.
Et il n'en fist onques dangier,
Ains vot faire sa volenté.
Dex connut bien sa loiauté.
L'espee du puig li osta,
Et. l. mouton, que il trova,
Li commanda, que il presist
Et que sacrefisse en fesist.

II. P. Meyer a. a. O. S. 28. „Or voel jou ke vos me dites se vos iestes apresté de ceste imagene aorer ke je ai fait hui ci lever. Se le faites, chier me serés, et se ce non vos i morrés. Il n'est nus dex si tres puissans ki vous en puist estre garans." Com cil l'orent bien entendu, tout briement li ont respondu: „Sire rois, nos n'en ferons rien por nostre seignor courecier, kar il est sires poëstis por nous salver et mors et vis. Et quant ce ot oï li rois, commanda c'on liast les trois, et en un four fussent ruë ki fo[r]ment fust esté caufé. Dont lor dona dex tel froidor k' il ne sentirent la calor, et li liien lor sont rompu, et il en sont haitié issu. Daniel, por sa casteé et por sa grant autre bonté, le delivra des liiens nostre sires asquels il estoit abandonés.

I. Machab. II. 59 und 60. *Ananias et Azarias et Misael credentes, liberati sunt de flamma. - Daniel in sua simplicitate liberatus est de ore leonum.*

Unsere Hs. 27 a 2 ff.:

Daniël garda dou lyon
Que il ne li fist si bien non.
Et ausi fu Asanias,
Misael et Azarias:
Furent tout .III. en fu geté,
Quant dex par sa grant poësté
Les garandi de cel torment,
Pour ćou qu' il crurent vraiement.

Ohne jede Schwierigkeit lassen sich besonders aus dem unter II. angeführten Bruchstücke von P. Meyer die Achtsilbler herauslesen.

Zur weiteren Erläuterung der in Frage stehenden Quellenbenutzung führe ich hier die vom Dichter gemachten Zusätze und Auslassungen an:

Zusätze.

1. 3c 5—10b 4. Beschreibung des Land- und Seeheeres, mit dem Antiochus nach Ägypten zieht, der ägyptischen Truppen, der Schlacht.

2. 10c 3—10d 7. Ptolemeus' Flucht aus der Schlacht nach Indien.

3. 11c 13—15b 15. Einführung des jus primae noctis (der lat. Text I. 34 *Et captivas duxerunt mulieres* bietet dem Dichter eine verlockende Gelegenheit, diesen Gebrauch des Mittelalters in seine Erzählung zu flechten und zugleich einen praktischen Fall zu erdichten), Verheiratung der Tochter Mathathias, Tötung des Priesters von Judas, (Zug des Fürsten Holofernes, dessen Ermordung durch Judith, Sieg über die Heiden, Judith, Kap. 10—16), Mathathias' Zug nach Modin.

4. 16d 21—18b 17. Kurzer Abriss der jüdischen Geschichte, Aufforderung an die Zeitgenossen, das heilige Land wiederzuerobern.

5. 21c 15—26a 11. Schlacht gegen Polipus, Übergabe der Stadt Modin.

6. 28c 19—42b 16. Vorbereitung zur Schlacht und die Schlacht selbst gegen Apollonius.

7. 43d 23—50a 13. Kampf gegen Seron.

8. 52a 1—53b 6. Antiochus hält eine Heerschau ab.

9. 59b 14—72a 18. Beschreibung der Heere und der Schlacht bei Amao.

10. 74 b 11—75 b 14. Beschreibung des von Lysias gesammelten Heeres.
11. 76 a 9—78 c 6. Vorbereitungen zur Schlacht.
12. 79 b 11—98 b 25. Schlacht bei Bethzura.
13. 104 a 14—106 c 11. Simons Kampf gegen Tolomeon.
14. 110 c 18—114 a 28. Belagerung von Masfa.
15. 117 c 21—120 b 2. Belagerung von Ephron.
16. 124 c 11—127 d 10. Schlacht bei Elimaïs.
17. 133 c 15—136 a 16. Ausfall der Besatzung von Bethzura und Belagerung der Stadt durch Eupator.
18. 172 b 3—177 a 8. Eupators Kampf gegen Philippus bei Antiochien.
19. 179 d 27—180 d 28. Judas' Zug nach Jerusalem, Bestrafung der Ungläubigen.
20. 185 a 29—190 a 14. Judas wird von Alkimus überfallen, der Juden Kampf gegen die Verräter.
21. 200 c 26—202 a 20. Simon rächt Jonathans Tod, Sieg über Tryphon.
22. 202 b 30—Schluss. Judas' Grab, Schlussgebet.

Auslassungen.

Er lässt ferner folgende Stellen in seiner Erzählung aus:

1. Kap. VII, 15—Kap. IX, 7. Der Dichter springt von der Beschreibung des räuberischen Überfalles in die der Schlacht bei Laisa über.

2. Kap. IX, 32—36. Bachides sucht Jonathan zu töten, die Gebrüder Jambrin fallen in Judäa ein.

3. Kap. IX, 43—56. Jonathan muss sich vor Bachides hinter den Jordan zurückziehen, Bachides besetzt Jerusalem und befestigt viele andere Städte im Lande, Alkimus stirbt.

4. Kap. X, 24—45. Demetrius' Brief an Jonathan.

5. Kap. XI, 28—37. Jonathan erhält die Oberherrschaft über Samaria und Galiläa, Demetrius' Brief an Jonathan.

6. Kap. XII, 1—23. Jonathan erneuert durch Gesandte die Bündnisse mit Rom und Sparta.

Mit Kap. XIII, 30 bricht unser Gedicht ab.

Diese Zusammenstellung zeigt, dass etwa bis Vers 185 d 2 (VII. 14), also unmittelbar vor Judas' Tode, keine Stelle des ersten Buches der Makkabäer übersprungen ist. Nur bedeutende Erweiterungen treten ein, besonders bei der Schilderung von Rüstungen, Rossen, Rittern und schrecklichen Schlachten.

Nachher hingegen treten erhebliche Quellenverkürzungen und nur verschwindend kleine Quellenerweiterungen auf. Der Dichter strebt nur danach, einen günstigen Schluss zu finden und führt deshalb den Faden der Erzählung fort, indem er alle ihm unwesentlich erscheinenden Ereignisse übergeht. -- Ungewohnt ist auch der befremdend nüchterne Ton, der jeglichen poetischen Schwunges bar ist, nachdem Judas den Tod gefunden hat. Entweder ist des Dichters Schaffenslust erschöpft, als der Tod seinem Helden naht, und er eilt mit weiten Sprüngen einem raschen Schlusse zu, oder ein zweiter Dichter, der weniger begabt, weniger phantasiereich war, hat das Werk in seiner Weise fortgesetzt.

Bezeichnend für den Stil unserer Dichtung ist eine starke Vernachlässigung der Bilder gegenüber den rhetorischen Figuren. Eine genaue Untersuchung des Stils würde hier zu weit führen; ich beschränke mich deshalb auf die Wiedergabe seiner markanten Züge.

Wahrscheinlich war das Werk zum Vorlesen bestimmt, denn der Dichter denkt sich bei der Abfassung seiner Dichtung umgeben von einer Anzahl Hörer und redet dieselben oft an, um ihre Aufmerksamkeit aufzufrischen;

18b 12. *Signour! Saciés que a cel tans.*
141c 29. *Or saciés bien, n'en doutés pas.*

Er erklärt, nicht alles erzählen zu können oder zu wollen:

58d 1. *Que je ne sai le conte dire.*
97a 4. *Que je n'en sai conte tenir.*
18b 9. *Je n'en voel ore riens plus dire.*
40c 15. *Je ne vous irai pas contant.*

Er verkündet, die Erzählung nicht ausdehnen und nur die Wahrheit berichten zu wollen:

7a 1. *Je ne voel ci faire lonc conte.*
27c 14. *Mais ne vous voel lonc conte faire.*
40b 2. *Et si vous di bien sans mentir.*
128a 23. *Itant vous di je bien sans faille.*

Während der Dichter die Anreden häufig anwendet, findet der Ausruf bei ihm nur selten Verwendung:

15a 11. *Ains i ont diables estet,*
Ce diënt tout de veritet,
Qu'en guise de femme s'est mis!
112b 22. *Tel engien troverent li diable!*

Angenehm unterbrochen wird die epische Dichtung bisweilen durch Einführung dramatischer Wechselreden, wenngleich die auftretenden Personen wenig lebhaft und schlagfertig sind, und der Dichter sie überall nach Art der Erzählung einführt. Rede und Gegenrede finden sich nie in einem Verse zusammen, sondern sind immer auf mehrere verteilt. Überhaupt zeigt sich hier noch eine gewisse Unbeholfenheit des Dichters. Vergleichen wir z. B. unsere Dichtung mit den Dichtungen Chrestien's de Troyes, so sehen wir, dass unser Dichter in betreff der Dialoge bei weitem nicht die Lebendigkeit und Leichtigkeit eines Chrestien erreicht. Vgl. Teil I, V. 31—41 und V. 138—186 des wiedergegebenen Textes.

Lässt unser Dichter bei der Verwendung dramatischer Mittel viel zu wünschen übrig, so erhebt er sich bei Schilderungen und Beschreibungen oft zu einer Anschaulichkeit, die man ihm vielleicht nicht zutrauen würde:

1. Aufgebot des Heeres 51c 22.

> *Li rois a semons et mandés*
> *Tous ses barons de son empire*
> *Et fist lettres et briés escrire*
> *Que il bailla a ces courlius*[1]*),*
> *Qu'il alerent en plusiors lius,*
> *Par les diverses regions,*
> *Pour semonre tous ses barons.*

2. Vorbereitung zum Aufbruch 4b 7.

> *Li baron et li cevalier*
> *Ont lor oire tout*[2]*) atorné.*
> *Et quant il fu bien ajourné,*
> *Si leverent li escuier,*
> *Et furent toursé li soumier,*
> *Li ceval furent conraé*
> *Appareillië et ensielé.*
> *Puis quellent pavillons et tentes*
> *Et metent mout de lor ententes*
> *A tourser et armes et males.*

3. Abmarsch 4b 30.

> *A l'esmovoir i ot grant noise,*
> *N'i ot montagne ne faloise,*
> *Que ne convenist retentir.*
> *Qui oïst ces tabours bondir,*
> *Or cors et buisines sonner,*
> *Il quidast, k' il oïst tonner.*

---

1) Hs. coureours.
2) Hs. toute.

4. Die Schlacht. Vgl. S. 28 ff.

5. Die Flucht 50 a 28.
> *Trestout si homme et si baron*
> *S'en vont poignant plus que le pas.*
> *Forment redotoient Judas.*
> *Que li uns n'a l'autre atendu,*
> *Si fuient a col estendu.*

6. Die Beute 50 c 7.
> *Mout truevent aubers et escus*
> *Et heaumes et brans molus,*
> *Palefrois et cevaus de pris.*
> *Tout a lor voloir en ont pris*
> *Et laisçié çou dont il n'ont cure.*

Die Vergleiche unseres Dichters sind trefflich ausgewählt, doch verrät ihre Seltenheit und die Wiederholung einzelner einen unverkennbaren Mangel an poetischer Begabung. Meist werden Vergleiche gezogen zwischen dem Helden und Tieren:

1 d 9. *Lyons ert lievres envers lui.* (Judas).

62 d 14. *Com li senglers, qu'on fait cacier,*
Fait departir les ciens menus.

Vgl. W. Foerster's „Aiol et Mirabel", V. 10774.
> *Li ber al branc d'achier lor avoit fait tel parc,*
> *Comme fait li senglers qui as ciens se combat.*

63 b 9. *Fuiant s'en vont tot desconfis,*
Tout autresi comme brebis
Fuient pour le leu familleus.

Derselbe Vergleich kehrt 92a 10 wieder.

Vgl. Le Roux de Lincy's „Roman de Brut", V. 14356.
> *N'en orent pas greignor pitié,*
> *Que lou fameilloux de brebiz.*

71 d 6. *Plus est redoutés que serpens*
N'est en bos de bestes menues.

Derselbe Vergleich kehrt 83 a 16 wieder.

97 a 23. *Tout le doutent si anemi,*
Que il n'osent vers lui aler,
Nes que faucons ose voler,
Puis que il a l'aigle vëu.

Er vergleicht den Helden mit einer Naturerscheinung 92 a 20.

Paien fait caioir et vierssier,
Comme la tempieste en esté,
Qui desront et abat le blé.

Bei der Beschreibung von geistigen Affekten erhebt sich der Dichter meist nicht über die Mittelmässigkeit. Meisterhaft ist die Beschreibung des Schmerzes und der Trauer der Mutter Judas' um ihren in der Schlacht gefallenen Sohn Eleazar 163 b 4.

Et quant elle a ćou entendu,
Que ses fius iert mors et ocis,
Se li fuï li sans dou vis.
Tout fu dolante et esfraee
Qu' a la tiere ceï pasmee
El palais sor le pavement.
A poi que li cuers ne li fent
De l'angousçe et de la destrece.
Au revenir deront sa trece
A ses. II. mains. Et sa poitrine
Sa force detort et gratine,
Et son bliaut trestout depane,
Qu'on n'i trovast pas une espane
D'entir . . . . . .

Der Wunsch

> . . pour boines gens rehaitier
> Et pour moi meïsmes deduire;
> Cescuns doit faire, ançois qu'il muire,
> Pour coi il soit ramentëus.   1 b 28.

ist dem Dichter Triebfeder zur Anfertigung seines Werkes. Wenn auch dieses löbliche Verlangen sich nicht ganz erfüllt hat, so verdient doch die ausführliche Dichtung Anerkennung. Freilich wird die Aufmerksamkeit auf eine harte Probe gestellt beim Lesen der in schwerflüssiger, fast unausstehlicher Breite sich ergiessenden, langatmigen, immer wiederkehrenden Schilderung strahlender Rüstungen, tapferer Helden, schauriger Schlachten. Nur selten erquickt uns ein kleines, anheimelndes Bild der Natur. Nirgends weht uns ein sanfter Hauch edler Jungfräulichkeit, zarter Liebe entgegen, wie in Benoît's Trojaroman. Etwas Düsteres, wie eine gewitterschwere Wolke liegt über der ganzen Dichtung. Auch Judas' hehre Heldengestalt erstrahlt nur in blutigrotem Schimmer.

Da aber das ganze Leben des Helden ein riesiges Ringen gegen der Heiden drückendes Joch, eine Kette blutiger Schlachten und wilder Kriege ist, so verweilt der Dichter gern bei deren Beschreibung, um so lieber, als das Waffenhandwerk auch seinen Lebensberuf bildete.

Dichter und Abfassungszeit.

Der Dichter nennt sich in seinem Werke zweimal:

> 1 b 20. . . moi qui ai a non Gautiers
> De Bielepiece, arbalestriers.

und 49 d 14 Ce dist Gautiers de Pierebrece (: depece). Unser Dichter Gautier stammt also aus Belleperche — denn so ist an beiden Stellen der Berliner Text zu verbessern —

(dep. de l'Aisne, arr. de Laon, commune de Landouzy-la-Cour) und ist Armbrustschütze. Seine Dichtung zeigt, dass er ein erfahrener und begeisterter Kriegsmann gewesen ist. Nur ein solcher konnte uns in so glühenden Farben Schlachtenbilder malen, die eine gründliche Kenntnis des Kriegswesens verraten. Da Gautier meines Wissens nur einmal von einem Zeitgenossen genannt wird, (von seinem Fortsetzer, wie wir bald sehen werden) und selbst in seinem Werke Anspielungen an Zeitereignisse vermieden hat [1]), so schwebt über seiner Persönlichkeit und der Zeit seines litterarischen Schaffens ein dichter Schleier, der uns nur undeutliche Umrisse erkennen lässt [2]).

Erst gegen Ende des XVI. Jahrhunderts finden Gautier und sein Werk Erwähnung bei Cl. Fauchet in „Origines des dignités et magistrats de France", Paris, Ausg. von 1610, fol. 588 a: *Gaultier de Belleperche arbalestrier, ou Gaultier arbalestrier de Belleperche, commença le Roman de Judas Machabée, qu'il poursuivit jusques à sa mort. Pieros du Riez le continua jusques à la fin.* Fauchet führt dann noch einige Verse des Fortsetzers an, die ich später nach einer ausführlicheren Quelle wiedergeben werde [3]), und fährt fort: *Tous ces mots sentent leur Picard. Toutes fois je n'ose rien asseurer, n'ayant autres tesmoignages que les escrits de ces autheurs.*

Ähnlich spricht sich Fauchet's Zeitgenosse Fr. Grudé surn. „La Croix du Maine" aus in „Bibliothèque franç.", Ausg. von Rigoley de Juvigny, Paris 1772, T. I, pg. 261: *Gaultier de la Belle Perche en Bourgogne, autrement appelé Gaultier l'Arbalestrier, de Belle Perche, ancien poète françois. Il a écrit le Roman de Judas Machabee, lequel fut parachevé par Pierre du Riez. Il florissait l'an 1270, ou environ.*

---

1) Eine Ausnahme wird später behandelt werden.
2) Ueber Gautier's Persönlichkeit geben uns auch L'Abbé de la Rue in „Essais historiques sur les bardes" etc. Caen, 1834. T. III, pg. 178 und Hist. litt. XXV, pg. 351 ff. keine weiteren Aufschlüsse.
3) Vgl. S. 46.

(L'usage est pour Belle Perche sans l'article. Ce fut en 1280 que Pierre de Riez acheva le roman [1]*).*

Pierre du Riés giebt uns am Anfange der Fortsetzung seinen Namen und den Grund, weshalb Gautier das Werk unvollendet liess.

Nach Bonnard a. a. O. pg. 175 lauten die Verse:

A itant vos ai a fin mis fol. 218 b.
C'est romans, que nous fist Gautiers
De Beleperce, arbalestriers.
Et se nostres livres fin a,
Gautiers pas ne le parfina
Et dist que [en] la fin moroit [2]*),*
Ne n'estroit ja a ce amors
Que tel chevalier[s] presist mors.
Et se Gautiers le commencha,
Pieros du Ries des lor en cha
Remist au parfaire son us etc.

Die Begründung, dass Gautier das Gedicht nicht vollendete, weil er es nicht habe übers Herz bringen können, Judas sterben zu lassen, ist sicherlich nicht schlecht, wenn sie auch wenig wahrscheinlich ist. Der Ton der ganzen Dichtung bezeugt, dass der Verfasser keineswegs so zart besaitet war.

In unserer Hamilton-Handschrift sind ausser den S. 39 genannten Gründen keinerlei Anzeichen für die Annahme eines zweiten Dichters vorhanden.

---

1) Charles de Saint-Gelais hat in „Les excellentes magnifiques et triumphantes chroniques . . . du prince Judas machabeus" weder Gautier erwähnt noch dessen Dichtung benutzt. Vgl. über das Werk Brunet „Manuel du libraire", T. V, pg. 45. Das von mir eingesehene Exemplar der Ausg. von 1556 befindet sich auf der Königl. Bibl. zu Dresden unter der Signatur Hist. eccles. B. 280.

2) Hier fehlt ein Vers.

Die Abfassungszeit der Fortsetzung fällt in das Jahr 1280, wie uns der Fortsetzer selbst berichtet. Nach Bonnard a. a. O. pg. 176 heisst es fol. 218b:

Mil et CC et quatre vins,
De ce me fai je drois devins,
Fu lors partrovés cis romans,
Tesmoins les eskevins dormans.

Dieser letzte Vers ist sowohl von Fauchet (a. a. O. fol. 588b) als auch von A. P. Paris („Les manuscrits frç." T. VI, fol. 105), als auch von Bonnard unrichtig wiedergegeben. Die Schöffen von Dormans kann nur heissen les eskevins de Dormans. Der Vers wird daher wohl lauten müssen:

Tesmoins les eskevins d'Ormans.

(Vielleicht Ornans, Stadt bei Besançon).

Warton sagt in „History Of English Poetry". Lond. Ausg. 1871, T. II, pg. 350, Anmerkung 8: „But it is observed, that the French had a metrical romance called Judas Machabée, begun by Gualtier de Belleperche, before 1240" und verweist dabei auf Fauchet. Ihm ist jedoch ein Versehen untergelaufen, denn bei Fauchet (a. a. O. fol. 552) heisst es: *Gauthier Arbalestrier de Belleperche, qui a composé le Roman de Judas Machabée avant l'an M. CC. LXXX*, wo Warton anstatt L wohl X gelesen hat. Gewissenhaft übernimmt diesen Fehler l'Abbé de la Rue („Essais historiques" etc. t. III, pg. 178). Auch die Hist. litt. (XIX, pg. 653) wiederholt die falsche Jahreszahl.

Wie oben (S. 45) angedeutet ist, spielt der Dichter in seinem Werke auf ein Ereignis an, aus dem wir ersehen können, dass die Dichtung zur Zeit der Kreuzzüge entstanden ist. In Vers 18a 9—b 8 fordert der Dichter energisch dazu auf, die heilige Stadt zu erobern:

> *La cités qui les autres passe,*
> *Tout autresi com li topasse*
> *Sormonte les pieres menues.*
> *N'a il crestiien sous les nues*
> *Qui ne le deuist bien requerre*
> *Et aidier son nom a conquerre.* 18a 22.

Vermutlich wird das Gedicht nach Friedrichs II. Kreuzzuge, 1228, entstanden sein, in welchem Jerusalem und die heiligen Orte genommen, nach des Kaisers Abzuge jedoch sofort wieder verloren gegangen waren. Die Abfassungszeit des Gedichtes fällt demnach wahrscheinlich nach 1229, sicher aber vor 1280. Der Dichter dichtete also vielleicht um die Mitte des XIII. Jahrhunderts.

Eine von Herrn Dr. Franz Feuerriegel und dem Verfasser dieser Abhandlung angefertigte Abschrift der Berliner Handschrift befindet sich auf der Bibliothek des romanischen Seminars zu Halle.

11a 1. Quant il ot fet tout son atour,
Si se mist tantos au retour,
Et cevaucierent a esploit
Vers Jherusalem trestout droit.
Par mi la porte est ens entrés 5
Sor son ceval mout bien armés,
Et vint mout orgillousement
Et i amena mout grant gent
Et grant plenté de cevaliers,
Mout bien armés sor les destriers, 10
Si a les sains lius desiertés.
Jusqu'al saint temple en est alés,
Si entra ens par grant orguel.
Et quant il ot passé le suel,
Assés i fist et honte et mal, 15
Si ala par tout a ceval,
C'onques a piet n'i vot descendre,
Et fist a ses gens l'autel prendre,
11 b 1. Qui estoit trestous de fin or,
Sel fist porter en son tresor: 20
Coronnes d'or et encensiers,
Filateres et candeliers,
Les livres et l'aornement
Et les vaissiaus d'or et d'argent,
Tout prist quan k'il i ot a prendre, 25
Si s'en isçi sans plus atendre.
Et quant il furent hors isçu,
Encontre le roi sont venu,
Li renoiié se sont clamé
Des boines gens de la cité: 30

Herr Prof. Suchier hatte die Freundlichkeit, die Lesarten der beiden Pariser Handschriften für mich auszuschreiben.
Die Hs. der Bibl. nat. fr. 19179 wird in den Anmerkungen mit A, Hs. fr. 789 mit B, die Berliner Hs. mit C bezeichnet.

2. *A* ariere —
3. *A* Et chevauchent a grant —
5. *C* i est entres —
8. *B* i *fehlt*: *B* mout grande gent; *C* m. de gent —
10. *A* sor lor destriers —
11. *C* Si a saint liu desierte —
12. *A* Tresquau —
13. *A* tout a ceval, *C* p. son o. —
14. *fehlt A* —
15. *A* hontes et mal —
   Nach 15 hat *A*:
   Il entra ens par grant orguel
   Et quant il eut passé le suel —

16. *fehlt A* —
17. *B* Onques —
23. *B* les *fehlt*: *B* et tout l. —
24. *C* vassiaus —
25. *B* quanques i; *C Absatz* Dont —
26. *B* Puis issi hors s. —
27. *C* fors —
29. *B* et se —
30. *A* Des bons homes —

„Sire", font il, „que ferons nous?
Nous nos somes rendu a vous!
S'or ne nos volés garandir,
Tous nos an convenra fuïr."
Et li rois dist: „Cil s'en fuiront, 35
Qui mon commant trespasseront
Ne ne vorront venir a moi
Ne croire les dex u je croi."
Il dist as siens: „Ociés les."
„Sire", font il, „ves nous tous pres 40
De faire vostre volenté."
Et li felon lor ont moustré
Ceus qu'il vorrent qu'il fusçent mort;
Lors furent ocis a grant tort
Mout de la lignie Israel. 45
Lors n'orent joie ne revel
Les dames ne les damoiseles,
Dont il i avoit mout de bicles,

11 c 1. Ains sont les plusiors des-
poullies
Et batues et laidengies. 50
Quant orent tout pris et reubé,
S'issirent hors de la cité.
Li rois onques n'i herberga,
Car il ne vot ne ne dagna,

Ne de riens ne les aseüre; 55
Ains s'afice forment et jure
Qu' encor ariere revenra,
U tel prince i envoiera
Qui destruira tout le païs
Et ocira les circoncis. 60
Et pour eus et lor loi honir,
I fait un evesque establir,
Que il laisa en la cité,
Se li donna tel dignité,
Que mes evesques par tel guise 65
Ne tint vescuié par tel devise.
Que il n'avoit en la cité
Juïs de si haut parenté,
Quant il avoit femme espose,
Ja ne fust si enparentee, 70
Qu'ele ne fust menee al soir
L'evesque a faire sen voloir.
S'en avoit le premier deduit,
Et s'i gisoit toute la nuit.
Quant il l'avoit despucelec, 75
S'ert a son mari ramenee.
Et ce dura mout longement,
S'en erent li Ebriu dolent.

35. B dist: „Tout —
36. A trespasse ont —
37. A Et ne volrent —
38. A que je; B les dix, C le deu —
40. C fet il —
42. A leur ont, C l'orent —
43. A qui fuscent; B vauront —
44. C asis —
45. A Israhel, B Ysrael; C Mes —
46. B L. ni ont; C reviel —
48. A de mout b —
49. B despoullie —
50. B Et bien batu et laidengie —
51. A Q. t. o.; C Absatz —
52. A Li rois issi de l. c.; C fors —
53. A Qui onques ne se h.; B Absatz —
54. A Que il; B Ne il nevot n'il ne d—

55. B riens il nes a. —
59. A t. leur p. —
60. B l. circuncis, C l. convertis —
62. A Ja fait .l. vesque e; B Il fait —
65. fehlt A; B Mes e. en nule g. —
66. fehlt A
69. A Q. avoit se femme e. —
72. A Au vesque faire s. v. —
78. A S'en furent —

11 d 1. Et li rois lor a mout bien dit,
Que ce fet il en lor despit ; 80
A tant en ala sans plus dire.
Mout orent grant duel et grant ire
La boine gent de la cité,
De cou qu'il sont si malmené.
Lor ris furent torné en plours, 85
Et lor joies en grans dolours.
Dames, pucieles et mescines
Batent et paumes et poitrines ;
Lor grans biautés furent muëes
Et lor faces descoulourees. 90
Li dansiel et li mariët
Ont mervillous doel demené ;
Tout li jovene homme et li cenu
Maudiënt que tant ont vescu.
Quant il voient lor loi sousmettre, 95
Et si abatre et si malmettre
Et lor sainteé cunciier
Et si laidement abaissier,
Li preudomme de la cité
Estoient dolant et iré, 100
Que lor filles ierent livrees,
Quant elles ierent mariëes
A l'eveske par estavoir,
Si en faisoit tout son voloir,

Mout erent li mari dolent, 105
Mes ne l'osent faire autrement.
Un Juïs ot en la cité,
Qui estoit de haut parenté,
12 a 1. Et mout estoit de grant parage.
El païs avoit grant linage, 110
Et mout estoit de grant renon,
Mathatias avoit a non.
Mathatias. v. fius avoit,
Que li preudom forment amoit ;
Si avoit une fille biele. 115
Il maria la damoisele ;
Que tans ert de li mariër ;
Et quant ele vint d'espouser,
Mout de la gent avoec li vint.
Mathatias mout grant cort tint, 120
Qu'il le savoit mout bien tenir.
Maint preudomme i a fet venir,
Grant mangier a fet aprester,
Bien les fist servir au disner.
La fieste fu grans et pleniere. 125
Gens i ot de mainte maniere
En plusiors lius par mi la sale.
La puciele fu morne et pale
Et de ses bons dras desnuëe ;

81. *A* tant s'en ala ; B *Absatz* —
82. *C* M. o. et dolour et i. —
85. *A* en plor, *B* en plour, *C* plors —
86. *A* joie en grant dolor, *B* joie en mout grant dolour —
88. *A B* leur palmes et, *B B.* lor pammes et lor p. —
93. *A* Tout li jueve home et li chanu —
95. *C Absatz* sormettre —
97. *A* saintees —
102. *A* espousees ; *C* U e. —

105. *C* lor m. —
107. *A* kein *Absatz* —
108. *A* de grant poeste —
109. *B* Et mout ert poissans par parage.
110. *A* a. son l.
112. *C* Mathaias —
113. *C* Mathaias —
116. *C* Si m. —
117. *A* Q. t. estoit de marier ; *B* Car t.
120. *C* Mathaias —
121. *B* Quil les, *C* Qui le —
123. *B* out fet —
124. *C* le f. —
127. *C* a val l. —
129. *A* ses biaus de. —

4*

Sa grans biautés fu bien muëe. 130
S'en furent li frere dolent,
Qu'ele est ensi devant la gent,
Si mate et en si povre abit,
Qu'ele ne jue ne ne rit.
Un de ses freres l'apiela, 135
Se li enquist et demanda,
Pour k'ele s'est si mal vestue:
„Trop t'es folement contenue."
12b 1. Si l'en a laidie et blasmee,
Et celle qui mout fu iree 140
Li a respondu erraument:
„Frere, j'ai mout le cuer dolent,
Que j'ai esté hui espousee,
Et jou serai sempres livree
Pour honnir a un homme estrange. 145
Trop avra ci dolerous cange.
Mais ains me lairai detrencier,
Que je voise avoec lui coucier.
Et on m'i doit sempres livrer
Et a si grant honte mener 150
A .I. vil paien desloial,
Qui ne fait fors hontes et mal."
Et quant ses freres l'entendi,
D'ire et de mautalent rougi.

Tant fu plains de corous et d'ire, 155
Que a grant paine li pot dire:
„Biele suer, ne vous esmaiés!
Confortés vous et apaiiés!
Cil vous puet bien faire soscours
Qui des estoiles fist le cours 160
Et ceus de nostre parenté
A en maint liu reconforté."
Puis a mis sen pere a raison
A une part de la maison,
Si apiela trestous ses freres. 165
„Certes, signour", ce dist li peres,
„J'ai mout grant dol en mon coraje,
Qu'il m'estuet faire tel outrage
12c 1. De ma fille a honte livrer.
Qui or le poroit delivrer, 170
Ainc tel proëcce ne fu faite,
Et seroit mais tous jors retraite."
Et ses fius Judas Macabés,
Qui mout estoit preus et senés,
Li dist: „Ne vous esmaiés mie! 175
Sempres, quant nuis ert enserie,
Jou meïsmes l'irai mener
Et l'irai l'evesque livrer.
Et vous en venés apres moi

---

130. *A* fu mout m. —
131. *A* si frere —
132. *A* Ele est; *B* est issid. —
135. *B* Uns de —
137. *C* s'ert —
138. *B* Trop t'iesmalement contenue, *C* Tros ies f. maintenue —
143. *A* Quant j'ai —
146. *A* chi: *B* Trop ara; *C* T. a ici d. —
147. *A* Je me lairai ains d —
148. *A* avuec; *C* ave —
149. *B* sempres mener —
150. *B* honte livrer —
151. *A* A. i. p. vil d. —
152. *C* fors et honte —
153. *C* *Absats* —

155. *B* Mout fu —
160. *B* fist les c. —
162. *B* A il en m. l. conforte - -
163. *B* Puis l'a mis ses p. —
170. *B* or l'en p. —
171. *C* Ains —
172. *A* tos; *C* Ains s. at. —
173. *A* Machabes —
176. *C* q. n. e. en s. —
178. *A* au vesque l. —
179. *A* venres; *C* v. avoec moi —

Tout coiement et sans de roi, 180
Vous et mi frere et vostre gent,
Et serés armé coiement.
Quant jou arai ma suer livree,
Tost iert la cambre delivree,
Et quant vous verés tans et eure, 185
Si lor courés durement seure!"

Desqu' au soir le laisent ensi,
Que la gent furent departi,
Fors cil ki sont de lor linage,
A qui il disent lor corage. 190
Mathatias forment lor prie
Pour deu, qu'il ne li falent mie;
Et il li ont acreanté,
Que il sont tout entalenté
De faire son commandement. 195
Lors s'armerent tot coiement,
Que li peules ne le eüst,
Ne nus ne s'en aperceüst.
  12d 1. Puis s'en issent a l'anuitant.
Judas Macabés va devant 200
Tout coiement, l'espee cainte
Desous son mantie! bien estrainte.

Et avoec lui sa serour maine,
Qui de paor grant dol demaine,
Et il tousjors le reconforte. 205
Ensi entrerent en la porte,
Et trespasent par mi la sale;
N'i truevent gent bone ne male,
Qui de riens lor araisonnast,
Ne qui voie lor destornast, 210
Tant qu'en la cambre vinrent droit
U l'evesques les atendoit.

Quant la puciele fu venue,
Il en a si grant joie eüe,
Que onques nul conte ne tint 215
De Judas, qui avoec li vint.
Et l'evesques tout erraument
En commanda aler sa gent.
Et Judas ki a trait l'espee
L'uis ferme, qui iert a l'entree. 220
Coi que li vesques entendoit
A la puciele, ki ploroit,
Et Judas Macabés s'escrie:
„Mar veïstes sa druërie!
Vous le comperés ja mout cier! 225

---

182. *A* Seres a. tout c. –
183. *C Absatz* —
185. *A* Quant v. v. et t.
187. *B* Dusc'; *C* Quant; *C kein Absatz*. —
188. *A* les gens —
191. *C* Mathaias —
192. *C* lor f. —
197. *C* seuist —
199. *C Absatz*; *C* s'en —
200. *A* Machabeus ·—
201. *A* s'espee —

203. *A* suer enmaine —
204. *C* p. mout g. d. maine —
206. *C* Et si —
208. *C* Ne —
209. *A* rien les a; *B* Qui voie onques li destournast —
210. *B* Tant que dedens la cambre entrast —
211. *B* U l'evesques les atendoit —
212. *A* Ou li vesques; *B* Qui fu mout lies quant il les voit —
213. *B kein Absatz* —
217. *A* li vesques —
218. *A* En commande a aler s. g. —
219. *A* qui ert a l'entree —
220. *A* ferme et a traite l'espee —
221. *A* Que que; *C* l'ev. —
223. *A* Machabeus —

Vous cuidiés vous o li coucier?"
Et quant l'evesques l'entendi,
Tous effreés en piés sali.
13a 1. Et Judas l'a tel cop feru,
Que dusqu'es dens l'a porfendu. 230
Puis a ocis .III. cambrelens,
Qui estoient remés laiens.
Mout ont viers lui poi de duree.
La puciele fu esfraee,
Si a gieté un si haut cri, 235
Que Mathatias l'entendi,
Qui estoit en la court remés;
Mout fu durement esfrées.

En la sale vint erraument,
Et amena toute sa gent. 240
Mes Judas estoit ja isçus
De la cambre et estoit venus
En la sale, l'espee traite,
Mainte arme i avoit de cors traite,
Ains k'il i euist nul secours. 245
Si frere i vienent tot le cours,

Et Mathatias et sa route
Si ont mout la presc deroute,
Que poi en est entier remés,
Qu'il les troverent desarmés. 250
Et si estoient mout grans gens
Bien estoient plus de. CCC.
Quant il orent fet tous lor buens,
Mathatias et tous les suens
A son ostel s'en retorna, 255
Et la puciele en remena.
A son mari l'a delivree,
Qui a grant joie demenec.
13b 1. Quant Olifernés l'oï dire,
A poi que il n'esrage d'ire. 260
Cil ert princes Antiocus,
Mout ert redoutés et cremus.
A Jherusalem vint mout tost
Et se loga a toute s'ost
As cans bien loing de la cité. 265
Et Acuior li a conté,
Uns prestres, qui iert de la loi:
„Sire". fet il, „en moie foi,

---

227. *A* li vesques —
228. *C* Tout erraument —
230. *B* dusquel pis, C jusk'es —
233. *B* lui poure duree.
235. *C* grant c. —
236. *C* Mathaias —
237. *B* court entres —
239. *A* kein Absatz —
242. *C* e. la v. —
246. *B* vindrent —

247. *C* Mataias —
249. *B* entiers —
250. *C* Mout fu durement esfrecs —
251. *B* grant gent —
253. *A* Absatz; B tout lor buen,
C tout lor bons —
254. *B* tout li suen; Mataias oi les sons —
259. *C* Alifornes —
260. *B* Por poi —
261. *A* Antiochus, *B* Anthiocus —
262. *A* M. fu r. —
263. *A* A Jerusalem, *C* Absatz;
C Ariere vint a toute s'ost —
264. *C* Ilueques se loja mout tost —
265. *C* mout l. —
266. *A* Aquior, *B* Alquior —
267. *A* de sa l. —
268. *B* S. dist il, en m. f.; *C* a m. —

Li Juïs de celle cité
Se sont enviers vous revelé. 270
Poi vous prisent, ce m'est a vis,
Qu'il vous ont vostre evesque ocis.
Bien se quident de vous desfendre!
Vous n'avés pas pooir d'aus prendre".

Quant li princes l'a entendu, 275
A Aquior a respondu:
„As me tu cou prophetizié?
Nous somes ja si aprocié,
Et tu me vius faire honnir,
Et moi et mes hommes fuïr? 280
Tu le comperas chierement:
Je te ferai lever au vent
A la porte de la cité,
Et quant demain serons levé,
Jou t'ocirai premierement, 285
Ains que nous asalons lor gent."
Lors l'envoia sans plus atendre
Devant le mestre porte pendre.

13c 1. Grant paour ont en la cité,
Quant virent l'ost Oliferné, 290
Et celui qui estoit pendus
Devant eus les bras estendus,
Et en la crois mout bien liiés.
Lors fu li peules esmaiés,
Qu'il ne sevent en eus confort, 295
Chascuns a grant paor de mort,
Et li plusior mout s'esfreerent,
Dames et pucieles plorerent.
Et quant ce vint a l'avespré,
Une dame de la cité, 300
Qui Judith estoit apelee,
Et de prophetes estoit nee,
S'en isçi fors celeement;
Mout fu vestue ricement:
Sa reube fu fresce et novele, 305
Et la dame plaisans et biele.
Cler ot le vis et le car blance
Comme la nois desor la brance,
Et la coulor fresce et vermelle,
Mout estoit bele a grant mervelle. 310
Tout droit enviers l'ost s'acemine.
Avoec li maine une mescine,
Et fist sanlant d'outre passer.
Mais cil le volrent arester,
Qui en l'ost estoient logié, 315
Si ont Oliferné noncié,
Que une dame iluec passoit,
Qui toutes les biautés passoit,

269. *B* de ceste c. —
270. *C* nous -
271. *C* nos.
272. *B* Qui v; *C* Qu'il nos o. —
273. *A* vers vous, *C* de nous —
274. *C* Nous n'avons --
275. *C* kein Absatz —
276. *C* Acuior —
277. *B* prophetisie, *C* profesiie —
281. *C* fierement —
282. *C* aler au —
284. *C* seront livre —
286. *C* la g. —
289. *B* Absatz —
290. *C* Aliforne —
291. *C* de c. k' —

294. *A* Dont fu —
295. *B* Si ne s. —
296. *C* Tant orent gr. —
301. *C* Vidie —
302. *B* Et des p. —
303. *B* isci hors c. —
304. *C* M. iert —
305. *A* fu fresche et, *B* fu fresse et --
309. *A* coulor fresche. --
311. *C* Absatz --
314. *A* cil l'alerent a. —
315. *C* s'est. —
316. *A* Et ont; *B* nonchie; *C* Aliforne —
317. *A* Qu'une d. iluecques p. —
318. *A* Qui trestoutes, *B* Qui de t. b., *C* avoit —

13d 1. Toutes les dames du resné.
Et il lor a lués commandé: 320
„Amenés le moi erraument!"
Et cil font son commandement.

Quant devant lui fu amenee,
Li princes l'a araisonnee,
Se li demanda et enquist, 325
Qui elle est. Et elle li dist:
„Biau sire, de ceste cité.
Et sui de mout haut parenté,
Car je sui nee de prophetes,
Qui demostrent gaains et pertes. 330
Il ont sorti et deviné,
Que vous conquerrois la cité,
Si m'en sui de paor isçue,
Et pour proier vous sui venue
Pour deu, que vous prendés conroi 335
Et de men lignage et de moi,
Que ne soient mort ne peri."
Et li princes li respondi
Mout bel et mout cortoisement,
Que ne l'entendent pas la gent: 340
„Biele, ne vous esmaiés mie!
Se vous volés iestre m'amie
Et anuit avoec moi jesir,
Je penserai bien d'eaus garir."

La dame respont simplement: 345
„Biaus sire, je ne sai comment.
Se je vous osaie escondire
Et vostre voloir contredire.
14a1. L'antie ies haus hom et gentis,
Ja pour vous ne serai plus vis, 350
Et pour mes parens garandir
M'estuet faire vostre plaisir.
Mais il le convenra si faire,
Que ma gent ne l'oënt retraire.
Et que nus hom ne le seuist, 355
Qui avant dire e peuist.
Je volroie mius estre morte!"
Et li princes le reconforte,
Qui voloit de li son bon faire,
Qu'il fera tout ariere traire 360
Ses gens et concier en lor lis.
„Ne crieng pas tant mes anemis,
Que j'en perdisse mon deduit
Une seule eure de la nuit.
A n'i orés gaite corner, 365
Ne serjans venir ne aler."
Et quant la dame l'a oï,
En son cuer mout s'en esjoï,
Car or cuide ele sans essogne
Mout bien esploitier sa besogne. 370

---

319. *A* d'un r; *C* Plus que dame de cel r. —
320. *C* demande —
323. *C* kein Absatz —
326. *B* elle ert; *C* lor d. —
329. *B* des p. —
330. *B* demoustrent; *C* a pertes —
331. *C* deviset —
334. *C* proier a vous venue —
335. *A* preignies; *B* vous fehlt
337. *A* Qu'il, *C* ne p. —
339. *C* M. m'est b. e. c. —
340. *A* sa gent —
341. *C* Absatz —
344. *A* bien de g. —

345. *B* Absatz —
347. *A* Je ne vous en os e; *B* Je le v. o. e. —
348. *A* Ne v. v. descondire, *B* Ne v. v. escondire —
349. *B* gentiex —
350. *B* viex; *C* n'en s. —
353. *A* covenroit —
354. *A* mes gens —
356. *B* le deust —
365. *B* gaites —
366. *B* sergans, *C* serjant —
369. *B* el; *C* quide —

A tant fu eure de souper.
La dame font avant laver,
Et li princes lava apriés.
Puis se sont assis pres a pres.
Ambedoi ensanle mangierent, 375
Que ains de rien ne s'estrangierent.
Mout orent de mes al mangier,
Et mout bons vins tot sans dangier.
14b 1. Li princes manja liëment
Et but volentiers et sovent 380
Des millors vins qu'il pot avoir
Ne que il pot en l'ost savoir,
Tant que il ot mout grant someil.
Puis fist oster tout l'apareil,
Si laverent apriés mangier. 385
Puis a tost fait sen tref vidier,
C'onques el tre ne remest ame,
Fors que la puciele et sa dame.

Li princes est alés jesir,
Si commença lués a dormir. 390
Et la dame viers lui s'adrece.
Hardemens l'esprent et proëcce,
Au kevec̓ del lit prent l'espee,
Dont la tieste li a coppee.
Si l'a bien widie del sanc 395
Et essuëe a un drap blanc.
Apriés le mist dedens sa manche,

Qui estoit deliie et blance,
Si a sa pucele apielee.
Ainc n'i fist plus de demoŕee: 400
Hors del pavillon est issue
Sereement par une rue.
L'os estoit mout coie et serie,
Toute la gens ert endormie.
Et s'est de celle part tornee, 405
La u l'os estoit mains puplee,
Et u li camp erent plus pres,
Et sa puciele va apriés.

14c 1. Quant elle fu as cans defors,
Si n'ot puis garde de sen cors. 410
Vers Jherusalem est alee,
U n'avoit pas une liuee,
Si s'en va tot droit a la porte
A tout le cief, que elle en porte.
Puis s'alerent par l'ost dormir 415
Et tous les serjans departir.
Les gaites l'ont aperceüe,
Quant a le porte fu venue,
Si demandent: „Qui est ce la?"
Et la dame sen non nouma, 420
Et il li vont la porte ouvrir
Qu'il ne l'osent contretenir,
Et le mistrent dedens la porte.
De la teste que ele aporte
Li ont enquis et demandé. 425

---

372. B avant aler, C f. aler laver —
373. B p. sen va, C si va —
374. B Si se s. —
376. A Que ainc de riens, B Que de noient; C ne se targierent —
381. C que —
382. B lost avoir —
383. C somel —
386. C P. a fait tout s. t vidier —
393. C sespee —
395. B de sanc —
396. A essua.

400. C Ains —
401. C Fors —
402. A Si errerent, B Seriement —
406. C li os ert —
409. C kein Absatz —
411. B Jherusalem ist durchgestrichen, Betulie mit blasser Tinte darübergeschrieben —
415. 416. fehlen B C —
417—424. fehlen C —
423. B Si le metent —
424. B Et demandent que ele porte —
425. B Et li o. forment d., C Si o. —

„C'est la teste d'Oliferné",
Dist la dame, „que j'alai querre.
Cis ne nous fera ja mes guerre".
Il en ont mout grant joie eüe.
Et elle a sa voie tenue, 430
A son ostel s'en est alee.
Toute la gens s'est asamblee,
A cui les gaites l'ont conté.
Pour enquerre la verité
A l' ostel alerent tout droit, 435
La ou Judith venue estoit,
Qui la tieste lor a moustree.
Toute la gent l'ont esgardee,
Se li diënt: „Ma douce amie,
Iché ne kerrions nous mie, 440
Que ce fust la tieste le roi."
„Si est", dist elle, „en moie foi,
Se vus de çou ne me creés,
A Aquior le demandés,
Qui pent en cele crois la fors, 445
Cil vit le cief a tout le cors,
Bien le connistra s'il le voit."
Et il en vont a lui tout droit,
    14d 1. Cirges et lanternes porterent.
A lui vinrent si demanderent 450
Se c'est la tieste Oliferné.
Et il a le cief esgardé
Si l'a mout bien reconneü,
Car autre fois l'avoit veü,
Si dist au peule apertement, 455
Que c'ou estoit il voirement.
Et il l'ont de la crois osté.
Si l'en mainent en la cité.
Puis ont entr'aus lor conseil pris,
Qu' il asauront lor anemis. 460
Trestout communalment armé
S'en isçirent de la cité.
Mathatias aloit devant
Et si parent et si enfant,
Qui de l'aventure sont lié. 465
Devant furent mout esmaié,
Et cevaucierent tout sieré,
Sor lor cevaus mout bien armé.
Et cil a pié vinrent apriés.
Et quant il vinrent de l'ost pres, 470
Si se ferirent tout ensamble
Si durement, que a caus samble,
Que ce soit une grant tempeste.
Cescuns ot paor de sa teste,
Car il furent trové souspris. 475
En poi d'eure en ont mout ocis.
Adont fu l'os mout estornie.
Mout de la gent s'en est fuïe
    15 a 1. Au tref Oliferné le roi.

426. *C* Si cest li cief O. —
427. *C* La d. dist que je la. —
428. *A* Cist; *C* vus —
432. *C* est —
435. *C* Absatz —
436. *C* U Vidie —
438. *A* Toutes les gens —
440. *B* Ice ne kerrons nos mie;
    C Icou ne vous queriemes mie —
442. *B* fait elle —
444. *C* Acuior —
446. *C* Qui —
448. *C* Et cil —
449. *B* Chierges —
451. *B* cest li chies O. —

453. *A* reconeu, *C* reconneue —
454. *C* veue —
455. *A* Ce dist, *B* Et dist; *C* apartement —
457. *B* il *fehlt* —
459. *C* Absatz —
461. *A* communement —
463. *B* ala d; *C* Matalias —
466. *A* D. erent m. —
467. A tuit s. —
468. *B* Sor les c. —
470. *B* il furent de —
471. *A* f. tuit e. —
474. *C* C. a p. de sa tieste —
477. *C* Absatz; *B* A tant fu —
478. *C* gens —

Mout estoient en grant esfroi. 480
Au lit le cambrelenc alerent,
Grant luminare i aporterent,
Le prince voelent esvillier
Et armer et appareillier.
Et quant il le troverent mort, 485
Si n'ot en eus nul reconfort:
Le bu troverent sans la teste.
Lors n'ot en aus joie ne feste.
Ains „i ont diables estet",
Ce diënt tout de veritet, 490
„Qu'en guise de femme s'est mis!"
Grant paour ot li plus hardis.

Quant il virent celle aventure,
Et oënt la desconfiture,
Qui desor lor gens est tornee, 495

Et dura dusc'a la journee
La desconfiture et l'ocise,
Onques mes gent en nule guise
Ne fu mes si desbaretee.
Tant i ot gent morte et navree, 500
Que mout petit en escapa.
Et quant li solaus clers leva,
Prisent l'avoir qu'il ont trové.
Et portent tout en la cité.
Ensi, comme je vous ai dit, 505
Furent cil mort et desconfit.
Mout ot grant joie en la cité
Et fu mis en auctorité,
15b1. Et en font cescuns jor lor fieste
Li Juïs et toute lor gieste. 510
Fieste des cambres l'apielerent
Le jor que il le celebrerent.

483. *B* vaurent —
486. *B* nes un confort; *C* Si nont —
487. *C* tieste —
488. *C* ne ris ne —
489. *A* este; *B* A. i orent diable e; *C* li diable —
490. *A* tuit —
491. *B* sert mis —
492. *B* Lors ot paour li —
493. *A* ceste a; *B* il oent —
494. *B* Et voient, *C* orent —
495. *C* gent —

496. *C* dure —
498. *A* Ainques mes gens —
503. *B* L'avoir prisent qu'il —
508. *C* mise —
509. *A* font chascun en la f.: *B* font cascun a l. f; *C* feste —

110 c 3. Judas a parti et donné
Tout ce qu'il avoit conquesté
A sa gent et a ses amis;
Puis se sont a la voie mis.
Quant il furent prest et monté, 5
Si se sont tuit aceminé.
Pour destruire Galaditin
Se furent levé bien matin,
Et cevaucicrent le jor tant,
Qu' un poi aprés none sonant 10
Vinrent a Mafat la cité.
Gent i avoit a graut plenté,
Et assés de cevalerie,
Qui jusques la estoit fuïe.
Pour venir a la forteraice 15
Judas a la cité s'adraice,
Et fist toute sa gent descendre,
Les tres et les pavillons tendre.
Entor le vile et environ
La ot enfichié maint paisson 20
Et mout de rices tres tendus.
Le tref qui fu Tymotheüs
Tendirent li homme Judas.
A .II. grans dromadares cras
Le faisoient en l'ost porter. 25
.II. pumiaus d'or, qui luisent cler,
Ot sor le tref riches et grans,
Et .II. aigles reflamboians
Sor les pumiaus d'or esmeré
Par grant maistrie tresgeté 30
De rubins estoient li oel.
Je contasçe, mes je ne voel,
Mout lonjement de lor faiture,
Tant ierent ouvré a nature,
Qu'il sanloient iestre tout vif. 35
.II. bons mestres par grant estrif
110 d 1. Le fisent en Ynde maiour.
Li tres fu de mainte colour,
De rices pales biaus et ciers,
A bestes et a eskiekiers, 40

1. *C* Absatz —
2. *B* kil; *C* Quan que —
3. *B* A ses gens —
5. *C* kein Absatz; *C* Et quant i. f. tot m. —
6. *C* tot —
8. *B* l. au m.; *C* Si f. meu —
10. *C* devant tierce —
13. *B* Et a. i ot manandie —
14. *A* Qui des chasiaus e; *B* Qui des cites e. —
17. *A* toutes ses gens —
18. *C* Ses — ses —
19—22. *fehlen C* —
20. *B* ot fichie m. pavillon —
22. *B* Li t. furent Thimoteus —
23. *B* Le plus rice tent on J., *C* See tendent —
24. *B* fors d. —
26. *C* furent c. —
27—30. *fehlen C* —
28. *B* A .II. —
29. *B* esmeres —
30. *B* tresgetes —
31. *C* rubis —
37. *B* Les; *C* Jnde —

Ainc si rice tref ne vit nus.
Li pesçon erent d'ebenus,
Qui ne puet ardoir ne porir.
Les cordes qui le font tenir,
Furent de soie bien ouvrees, 45
Et les .II. estaces dorees,
Entaillies mout soutiument,
Si fremoient a claus d'argent.
La sus a mont a un pumiaus.
Tant fu li tres rices et biaus. 50
Car qui tot vauroit aconter
Anuis seroit de raconter.

Paien voient Ebrius logier
Et tres et pavillons drecier:
Bien sevent, que c'estoit Judas, 55
Il ne le tienent mie a gas,
Ains en furent mout esfreé.
Par les ruës de la chité
Ot mout grant bruit et mout grant noise.
Mainte dame et mainte borgoise 60
Peuist on veoir as cretiaus.
Pour esgarder les Ysraiaus
Vinrent les gens desor les murs.
Li tans fu biaus et clers et purs,

Et li solaus fu mout en haut. 65
Judas vint commencier l'asaut,
Mes il ne li fu pas loë,
Que il assaille la chité,
Il l a 1. Que sa gens ne fust damagie,
Devant k'ele fust enpirie, 70
Et li mur soient abatu.
Et il a ce conseil creü.

Lors fist mander a Dateman
Ses engiens et l'ariereban
Par .IIII. de ses Ysraiaus, 75
Qui orent bons cevaus isniaus.
Si les fist maintenant movoir.
„Je voel", fait il, „par estavoir,
Qu'il soient ci tout le matin."
Cil se misent lués au cemin. 80
Et Judas a son tre remaint,
Des cevaliers i avoit maint,
Qu' iluec estoient asamblé,
Tant qu'il deïst sa volenté.
Et Judas en a eslit .C. 85
Des plus haus a sen entient,
Si les fist avé lui monter,
Que la cité vint esgarder,

---

42. *C* furent —
49. *A* a .II., *B* ot .I. —
50. *B* Li tres estoit r. —
51 u. 52. *fehlen C.* —
51. *B* raconter —
52. *B* escouter —
53. *A* Laiens —
56. *C* tenoit —
60. *B* et *fehlt* —
61. *A* as quarniax, *B* es castiaus —
62. *C* Israiaus —
63. *B* lor gent; *C* Virent la gent desons —
64. *C* nes et p. —

67. *B* lor fu —
69. *B* gens f. empirie —
70. *B* f. damagie —
73. *C kein Absatz*; *C* Tateman —
74. *C* a l. —
75. *C* Israiaus —
79. *A* chi; *B* tot ci; *C* Que il s. ci au m. —
80. *A* mistent; *C* Et il s. m. au —
81. *C* en son —
82. *B* De c. —
83. *B* kiluec, *C* Qui ja —
84. *C* que d. —
85. *B* en a vn eslit —
86. *B* D. p. h. barons que il vit —
87. *B* Si le —
88. *B* Car la —

Et veoir a val et a mont,
En quel endroit il asauront, 90
Quant li engien seront venu.
Judas i a mout entendu
Et mena ses gens tot entour
Et voient mainte bele tour
Et mainte sale et maint dognon, 95
Maint palés de rice façon.
Sor les murs ot mout de borgois,
Et Judas, qui mout fu cortois,
   111b 1. Lor a enquis et demandé
Se il li rendront la cité, 100
Pour faire son commandement
Et de l'avoir et de l'argent.
Cil le tinrent a grant despit,
Et li ont respondu et dit:
„Vasal", font il, „trop vous hastés, 105
Qui or endroit ci descantés
Et si nos avés si tos pris.
Quant vous i arés .III. mois sis,
Si arons nous millor convent."
Judas ot mout bien et entent, 110
Qu'il ne prisent riens quan k'il die.
En sus se trait, si les desfie,
Si revint en son pavillon.

Li cevalier et li baron
S'en vont a lor tres reposer, 115
Et font lor gent en fuere aler
Par la tiere tout environ,
Et pour cacier lor garison
Dont l'os pusst estre raemplie.
La contree estoit bien garnie, 120
Si en ont assés aporté.
Li serjant, qui furent alé,
Por les engiens a Dateman
Et por querre l'ariere ban
Orent tant galopé et point 125
Que il vinrent la si a point
Que li engieng furent cargié
Ançois que il fust anuitié.
Si s'en retornerent tantost
Pour revenir ariere a l'ost, 130
Et avoec aus en amenerent
De caus, qu'en la cité troverent.
Et arriere en a mout remés
Dusqu'a .VI. mile hommes armés
   111c 1. Pour la cité, que il garderent. 135
Et cil de l' errer se hasterent,
Qui en font mener les engins:
Il n'ont mie trop maus cemins

---

93. C Et si a fet mout biel atour —
94. C Et mena sa gent tot entour —
95. C Si i a veu m. d. —
96. B de bele f. —
97. B poi de; C le mur —
102. A de la gent —
103. B tornent —
104. C li o. —
105. C Absatz —
106. B ci vous vantes; C si d. —
109. B mout en c. —
111. B prise pas —
113. A revient, B courut —

115. B Se v. a. l. tref; C en lor —
117. B tot, C iluec —
118. C la g. —
119. A replenic —
120. C cites —
122. B erent —
123—128. fehlen C —
125. B poient —
126. B v. tot si —
129. C Si en —
132. B tornerent —
133. C en avoit —
134. B Duscu; C Jusqua .VIII. c. h; C 134. 133.
135. B Et por l. c. kil g. —
138. B Il ni a mie maus c; C Si —

Dusqu'a la cité de Maffa,
.VII. liuees sans plus i a 140
De tierre plaine et de campagne.
Puis qu'il furent mis a la plaigne
Fors une liue de foriest,
Onques n'i fisent nul arest,
Tant qu'il vinrent a la cité, 145
Ensi com il fu ajourné,
Et ont les engiens descargiés
Desous les ombres des vregiés,
Qui estoient vert et foillu.
Cil dedens ne l'ont pas veü, 150
Que la ramee lor toli.
Cil qui orent en l'ost dormi,
Sont armé et apparellié
Et cil, ki avoient villié,
Vont a lor tentes reposer. 155
Ja peüst on veïr jour cler,
Ains que lor gent fust atornee.
Une partie en est alee
Rengier dusques vers les fossés,
Et des arciers i ot assés, 160
Si ont mout targes et escus.
Quant cil de laiens ont veüs
Les Ebrius et lor aramie,
Si ont fet corner l'estormie.

111d 1. Lors s'armarent en la cité, 165
Et sont desor les murs monté,
Qu'il quidoient l'asaut avoir.
Mes il ne quident pas savoir,
Car li Ysrahel par conseil
Avoient fait cest apareil, 170
Pour faire les a aus entendre.
Et Judas n'i vot plus atendre.
Ains fist drecier les mangoniaus,
Dont il i avoit mout de biaus,
Et .IIII. perieres sans plus. 175
Li mestres ot non Eliüs,
Qui mout sot de carpenterie.
Les engiens dreça par mestric.
Car il sot mout bien assener,
Comment il les devoit fermer. 180
Mont ricement les encorda,
Et dou lever mout se pena.
Eles furent mout tos dreciés
Et de gieter appareilliés,
Et li mangonniel trestout .X. 185
Il n'ert gaires plus de midis,
Quant il furent tot apresté.
Ne furent mie lonc bouté;
Que li mur erent asés priés.

139. *A* Desqua, *B* Dusca, *C* Jusqua;
    C Mafa —
140. *B* Sept liuees, *C* .XII. —
142. *B* Puis kil; *C* Puis que f. sor
    la montagne —
145. *B* kil; *C* T. que il virent la c. —
146. *C* Et si que —
147. *C* Si —
148. *B* vergiers; *C* D. l. arbres —
156. *B* veoir; *C* pot o. v. le —
158. *B* p. estoit a —
159. *A* dusque; *C* Rengie jusques
    as f. —
161. *A* Si ot —
162. *B* cil dedens les ont v. —
163. *B* Lor harnois et lor aramie —
164. *B* fet *fehlt* —

166. *B* desus; *C* le mur —
167. *A* cuidoient, *C* quidierent —
169. *B* Ysrael; *C* Que li Israiel —
170. *C* tel —
172. *B* ne vot —
173. *B* fist rengier les —
174. *A* a. de mout b. —
176. *B* Lysius —
179. *C* Et il lot mout b. atorner —
180. *A* C. on l. —
182. *B* Et de; *C* tant se —
183. *C* Queles —
186. *A* Il niert, *C* Nert; *C* miedis —
187. *A* *Absatz*; *B* il *fehlt*.
188. *A* N. f. gaires l; *B* N. f. pas
    mout loing ale —
189. *B* furent assis pres —

De pieres avoient adiés, 190
De reondes et de quarees,
K' Ebriu avoient aportees,
Des montaignes et des rochiers
Et des casiaus as chevaliers
Qui estoient illuec entor. 195
Quant il orent fait lor ator
Qu'il n'i ot mes que del gieter,
Il fisent les pieres porter
112 a 1. Tot maintenant as mangoniaus.
Assés i ot des Ysraiaus, 200
Qui ne s'en sorent entremettre,
Ne les pieres es fondes mettre,
Car il ne l' avoient en us.
Adont fist li mestre Eliüs
Les carpentiers avant venir, 205
Qui sevent les fondes tenir.
Si a les sergans apelés,
Et as cordes les a menés,
A cescun la soie bailla,
Et si lor dist et ensigna, 210
En quele maniere il trairont,
Quant li mestre lor criëront,
Qui estoient duit del mestier.

Cil se penerent de sachier,
Cescuns selonc sa poësté. 215
Et li maistre ont droit avisé.
Et les pieres des fondes isçent,
Qui dedens la vile flatisent
Par desor les murs a volee.
Mainte maison ont esfondree. 220
Dedens furent mout esbahi,
Tout quidierent estre peri,
Qu'il quident que ce soit tempeste.
Cescuns a mucie sa teste,
Qu'il ne l'orent mie a usage, 225
Et diënt qu'en tout lor eage,
N'avoient veü en nul tens
Tempeste par nul si bel tens.
112 b 1. Et encor lor efforcha plus,
Que tantos fist mestre Eliüs 230
Gieter les perieres apriés,
Qui getoient si pesans gres,
Que ce n'ert se mervelle non,
Et getoient tout a bandon
Par desor les murs la dedens. 235
A dont s'aperçurent les gens,
Quant il ont les pieres veuës,
Qu' eles ne vienent pas des nuës.

190. *A* Des p; *B* p. i avoit —
193—196. *fehlen C* —
194. *B* castiaus —
197. *A* fors del, *B* se del; *C* Que ni —
198. *C* Et —
200. *C* Israiaus —
202. *B* p. en f. —
203. *C* Que ne avoient mie eus —
204. *A* Adonques f. maistre Elyus; *B* f. maistres Helius —
207. *C* amenes —
208. *C* As c. l. en a m. —
210. *B* et commanda —
211. *B* En quel m. il les t. —

214. *B* du sachier; *C* Si s. p. desforcier —
216. *B* lues av; *C* mestres a droit vise —
219. *B* Par desus, *C* desous —
223. *B* Quil cuidierent ce fut t. —
224. *B* C. en a muchie —
225. *B* en u; *C* lor est
227. *B* en lor t; *C* a nul —
228. *B* biau: *C* T. nule a si —
229. *C* esforce —
230. *B* Car t; Helius —
232. *B* Et g. si pesant gres; *C* p. fais —
233. *A* niert, *C* nest —
235. *B* desus —
237. *A* Quant o. l, *C* Qui en ont —
238. *C* Que ne venoient —

Cescuns al mius qu'il puet s'en garde.
Et Judas Macabés esgarde, 240
Que il getoient trop avant.
Al mestre a dit tout maintenant,
Qu'il getast plus bas un petit.
Et li mestres fist sans repit
Cargier des pieres plus pesans. 245
Une des pierres fu mout grans,
Plus que les autres bien le tiers,
Que li mestres des carpentiers
Faisoit apeler le caable.
Tel engien troverent li diable! 250
Il meïsmes tenoit la fonde,
Ne fiert en liu, que tout ne fonde,
Quan que devant lui a ataint.
Et Ebriu ne se sont pas faint,
Mais de tirer mout se penerent. 255
Cil de laiens mout s'esfreerent,
Quant les murs virent depecier;
Car, tant com il fusçent entier,
112c 1. Se quidasçent mout bien desfendre,
Devant ne se voloient rendre. 260
Mais qui or les euist requis,
Mout tost en fust li consaus pris,

Se on les vosist recevoir
Pour prendre tierces et avoir,
Et mout en prioient Judas. 265
Jehans Cadis et Jonathas
Li ont dit et amonnesté,
Que, s'il ierent vif escapé,
Encor li feroient damage.
Onques pour dit ne pour message 270
Ne porent puis merci trouver.
Et Judas fist ses gens aler
En tor la cité et rengier,
Et si les a fait herbregier
As .IIII. portes de la vile, 275
A cescune porte .II. mile.
Pour çou les i fist establir,
Que cil n'en peuisent isçir
Ne fuïr par nuit a emblee.
Mout fu la citès bien gardee 280
Et par dedens et par defors.
Cil de dens pour garder lor cors
Et cil de fors pour eus grever
Et font et nuit et jor geter
Et perrieres et mangoniaus. 285
Tost orent brisiés les creniaus,
Et li mur tousjors abaisierent,

---

239. *A* se g. —
240. *A* Machabeus —
242. *C* de m. —
246. *C* perieres plus g. —
249. *C* Foisoit or atorner le cable —
250. *C* fisent —
252. *B* que il ne —
253. *A* Quancques de devant li ataint, *B* Quanqes a cop il en ataint —
255. *B* tirer pas ne finoient —
256. *B* seffroint —
257. *A B* Q. virent lor mur d. —
258. *C* Qui —
259. *C* il bien —
261. *C* lor c. —
262. *C* Mout en fust tost lor —

264. *B* cite et —
265. *C* proierent —
266. *C* Jehan, Jonatas —
267. *B* Et —
268. *B* estoient e. —
269. *C* Que. —
270. *B* p. manace —
271. *C* p. il m. —
272. *C* sa gent —
277. *C* fait —
278. *C* il —
279. *A* de nuit; *B* Ne issir —
283—286. *fehlen C* —

— 66 —

La u los periores gietierent,
Tant que il furent asés bas.
Adonques se hasta Judas, 290
Qui n'avoit cure de sejor.
Une matinee au quart jor,
De faire tost l'asaut criër
Fist parmi l'ost son tro sonner
112 d 1. Et les buisines et les
 cors. 295
Et Ebriu armerent lor cors
Des millors armes, que il ont,
Al tref le prince Judas vont,
Pour oïr son commandement.
Et il lor ensigna comment 300
Il assaudront a la cité.
Et quant li un seront lassé,
Ains que il puisent entrer ens,
Se il trocvent noveles gens
.III. fois u .IIII. priés a priés, 305
Et que il asalent adés
De grans encaus sans reposer;
Que il veut en la vile entrer,
Ancois qu'il s'en retort ariere.

Laiens ot mout grant gent et fiere, 310
Et sont de lor armes garnis.
Par la vile lievent li cris:
Onques n'i remest a armer
Hom, qui peust armes porter.
Ains sont venu a la desfense; 315
Car cescuns set mout bien et pense,
Que, se il perdent la cité,
Tost seront mort et afiné,
Puis qu'il seront es mains Judas.
Li mur furent par dedens bas, 320
Qui furent fondu et quasé.
A grant peril i sont monté
Et mout i ont grant mal soufiert,
Qu'il erent tout a descouvert.
113 a 1. Pour les quarriaus, qui
 sont fondu, 325
Cescuns se coevre de l'escu
Et mout se painent d'eus horder,
Si font sor les murs aporter
Grans targes et huis et fenestres.
Mes cil qui des engiens ert
 mestres 330

---

288. *B* heurterent —
291 u. 292. *fehlen C* —
292. *B* grant j. —
294. *C* Et fist devant son —
295. *B* ses b. et ses c. —
298. *C* le preut J. sen vont —
301. *B* Il assauront; *C* assauroient la c. —
302. *C* ierent —
305. *B* fois *fehlt*, *C* fous —
306. *A* assaillent; *C* Et se il asalent apries —
307. *A* De grant; *C* De haut en haut sans reposter —
308. *B* Car; *C* Que il ne viut en v. —
309. *B* que il r. —

310. *C* fere —
311. *B hat Umstellung* 312. 311 —
312. *C* lieve —
314. *A* Home qui armes puist porter —
315. *C* Et sont —
316. *B* sot; *C* Que —
317. *A* Car —
318. *A* Tuit s; *B* Tout s. —
319. *C* ke s. —
330. *C* desous —
321. *C* fendu —
322. *C* En —
323. *C* Et mout g. m. i ont s. —
324. *C* furent —
325. *A* quarniax; *C* fendu —
327 u. 328. *fehlen C* —
329. *C* Par engiens duis et de f. —
330. *C* sont mestre —

J adrecha les mangoniaus,
Et dex, qui amoit Ysraiaus,
I fist les pieres adrecier,
Si commencent a depecier
Targes et fenestres et wis, 335
Se n'i ot paien onques puis,
Cui talent presist de hourder
Ne de rire ne de border.
Maint en i convint trebucier.
Par dehors furent li arcier, 340
Qui traioient espessement.
Judas vit la paienne gent,
Qui estoient en grant trepeil,
Si ot fait tout son appareil,
Et fist cesser les mangonniaus, 345
Et apela ses Ysraiaus:
„Signour", fet il, „car vous hastés!
Ja sera prise la cités."

A tant ont les escieles prises,
Et as murs portees et mises, 350
La u les voient plus quassés.
Des barons i monta assés,
Et Judas fu li premerains,
Et si .III. frere, ki ains ains,
Aussi comme par aatie, 355
Que ja ne pour mort ne pour vie

113b 1. Ne le lairont sans cus aler;
Mout se painent de lui garder.
Pour dou qu'il iert de tele emprise.
Par tans sera la vile prise, 360
Se dex lor en voloit aidier.
Cil de dens s'alerent rengier
Desor les murs par la dedens
Que il avoient si grans gens,
Qu'il ni paroit se capiaus non, 365
Qui sont de cuir ou de laiton,
Si com il avoient en us,
Et tienent esplus esmolus,
Lances, gisarmes et faussars,
Et ont arbalestes et ars, 370
Cros et machines et flaias.
Et atendent que Ysraias
Desor les murs en tel maniere.
Es tours, qui estoient ariere,
Ot assés serjans et arciers, 375
Et sor le mur, ki fu entiers
D'une part et d'autre remés,
Ot assés cevaliers armés
Et de borjois et de serjans
Lors fu li assaus fiers et grans; 380
Que sor le mur qui fu quassés
Ot assés de paiens remés.
Des mius armés et des plus fors,

---

331. *C* I ont drecics —
332. *B* diex; *C* qui vit les Israiaus —
336. *A* Puis —
338. *C* juer —
339. *B* fisent —
340. *C* P. defors ierent —
342. *C* voit —
343. *B* trepel, *C* touail —
344. *B* aparel; *C* a f. t. s. apparel —
345. *A* Si; *C* geter —
346. *B* Si a. les; *C* apele —
347. *C* or v. —
354. *B* doi —
356. *C* Ne —
357. *C* len —

362. *B* se courent —
363 u. 364. *fehlen C* —
363. *B* Desus —
364. *B* Car l i a. —
365. *C* ne portent —
366. *A* coivre, *B* keuvre; *C* et de —
367. *A* lavoient a us —
369—372. *fehlt C* —
371. *B* flaiaus —
272. *B* Ysraiaus —
373. *A* Desous le mur —
374. *C* En —
378. *C* remes —
379—382. *fehlt B C* —

Qui se desfendent par esfors.
Mout estoient en grant peril 385
Mais miex aiment estre a essil
Desor le mur, que en fuiant.
Si se vont tous jors desfendant,
Cescuns de quan k'il puet et set.
Et Judas, qui ferment les het, 390
Monte grant aleüre a mont.
Et cil a l' encontre li sont,
Cescuns a l' ancois que il puet ;
Et Judas par vertu s'esmuet,
Tant qu'il fu sor le mur montés. 395
Et puis qu'il fu a eus meslés,
113c 1. I orent il poi de duree.
Et il tenoit el puing l'espee,
Dont il les fiert mout durement
Ses tue et occist et porfent 400
Et a val les trebuce et boute.
Jonathas fu de lui en doute,
Et Eleazar et Jehans
As bones espees trencans
Ont bien lor frere souscouru, 405
Et sont desor le mur venu,
Et maint boin cevalier apriés.
Et cil, qui des murs furent pres,

Ont devers aus les fers tornés :
Des Ebrius navrerent assés 410
Et des lances et des espiés.
Judas prendoit desous ses piés
Les pieres del fes a un homme :
Les paiens confont et asomme
La u erent el grignor tas. 415
Et autresi fet Jonathas
Et Eleazar et Jehans,
Il getent les pieres pesans
Sor ceus de dens a grant fuison.
Cil de dens sont en grant frićon. 420
Et mout abaient et glatisent.
Cors et buisines retentissent
Et par dedens et par defors.
Judas fu mout prous de son cors
Et hardis et de grant poisance ; 425
Il set tout de voir, sans dotance,
Se il ne les haste autrement,
Qu'il le tenront trop longement.

113d 1. Une mout grant piere a
  trovee
Qui estoit pesans et quaree, 430
S' l'a levee contre mont.

386. *A* aimment e. en e; *C* Mius i voelent —
390. *C* de mort —
392. *C* li vont —
393. *A* anchois; *B C.* au plus tost; *C* C. e. a. —
394. *B* lesmuet —
397. *A* Li o. —
398. *A* Que il, *B* Car il —
399 u. 400. *fehlen C* —
400. *A* Ses tue et detrenche e. p.—
402. *C* Jonatas —
403. *C* Eliasar —
404. *C* Et as e. bien t. —
405. *C* J o. lor —
406. *B* desus —
408. *A* Mais cil qui del mur; *B* du mur—

409. *C* les brans —
413. *C* dun fes —
414. *B* p. occist —
415. *A* il erent, *C* il geto —
416. *C* Tout a. f. Jonatas —
417. *C* Eliazar —
418. *C* Et g. —
422. *A* i tentissent. —
424. *B* J J. f. p. —
428. *B* terront ; *C* Il se —
429. *kein Absatz* —

As paiens, qui devant lui sont,
Le geta par mout grant aïr,
Et s'esforća mout de salir.
Lués qu'il ot la pierre getee, 435
Sor les paiens tot de volee
Sali si armés com il fu,
En sa main tint le branc molu
Dont i lor livra grant entente.
Entrués que desor aus carpente, 440
Et Jonathas saut aprés lui,
Et si autre frere ambedui,
Et upriés aus tote lor route
De salir ens n'ont nule doute
Que li mur n'ierent mie haut. 445
Et paien laisierent l'asaut,
Qui ne se porent plus tenir,
Quant il virent la mort venir.
Cascuns, quan qu'il puet, se destorne
Et s'en fuient dolant et morne. 450
Li Ebriu crièrent „Modin",
Ains n'i demanderent cemin
Fors tot droit par desor le mur;
Bien puent passer asseür,

Car il n'i a qui les desdie. 455
Il en ala une partie
A la porte, qui ert fermee;
N'ont mie la clef demandee,
Ains l'orent mout tos desconfite;
Onques ne lor fu contreditte. 460
Puis que l'entree fut delivre,
Lors porent paser a delivre.
114a 1. Li Ysraiel, ki dehors furent,
A la porte tout droit corurent,
Si ot mout grant prese a l'entree. 465
Li Ysraiel criënt „Judee",
Et vont la vile rechercant,
Tous les homines vont ociant,
Qu'en la vile porent trover;
Ainc nus n'en pot vis escaper, 470
Qu'il ne fusçent le jour ocis.
Vers le palais Tymoteïs
S'en vont mout des homes fuiant.
Et li Ebrieu les vont sivant,
Qui tienent nues les espees, 475
Si lor detrencent les corees
Et les testes et les costés.

434. *A* sefforcha, *B* seaforcha m. del s; *C* Et b. m. dasalir —
435—438. *fehlen C* —
439. *C* A dont il l. —
440. *C* Coi que il d. —
441. *C* Jonatas —
442. *C* avoec lui —
443. *C* la r. —
444. *C* Dasalir —
447. *C* Et commencierent a fuir —
448. *C* Quil ne se porent plus tenir —
449. *C* que il p. satorne —
450. *A* en furent —
451. *A* Absatz; *B* escrient —
452. *A* Onques, *B* Ainc ne —
453. *A* deseur; *B* F. trestont d. d.; *C* desous —
455. *C* Que —

457. *C* est —
461. *C* kein *Absatz*; *C* Ains q. le. fust —
462. *C* Porent il p. —
463. *A* Ysrahel, *B* Ysrael, *C* Israiel; *C* defors —
464. *B* tot droit, *C* tantos —
466. *A* Ysrahel, *B* Ysrael, *C* Israiel —
467. *B* recercant. *C* regardant —
469. *B* Ken; *C* Que nus nen pot vis escaper —
470. *B* nul nen porent; *C* De caus que il porent trover —
472. *B* Thimoteis; *C* Et il fuient tout ademis —
473. *C* Et li Ebriu les vont sivant —
474. *C* Que mout en vont adamajant —
475. *C* Que —

Onques dognons ne fremetés
Ne lor fu de la mort garans.
De toutes pars coroit li sans 480
Par les rues de la cité.
La u l'ocise avoit esté,
Mout i ot grant noise et grans cris
De femmes et d'enfans petis.
Qui furent vives escapees, 485
Onques ne furent adesees,
Ains s'en fuient plus que le pas
A tout lor enfans en lor bras
Par les cans et par les arecs,
Mout dolantes et esgarees. 490
Et li Ebriu ont l'avoir pris,
Qu' en la vile avoient conquis.

485. *C'* nues —
489. *C'* valees —

114b 1. Mout troverent or et argent
Qu'il departirent a lor gent,
Pales et porpres et cendaus, 495
Mus et palefrois et cevaus.
Puis ont le fu par tout bouté,
S' isçirent fors de la cité.
Onques nus n' i pot remanoir;
Que ja commençoit a ardoir. 500

Judas et tout si compagnon,
Cescuns vet en son pavillon
U a sa loge reposer.
Bien estoit eure de disner,
Si mangierent tot a loisir; 505
Puis font lor pavillons quellir.

494. *C* Que d. —
497. *C* par tout le fu —
498. *C* Et iscirent de —
499. *C* O. ni porent r. —
500. *B* Car ja —
501. *C* kein Absatz —
502. *A* vet a s. p. —
503. *B* l. demourer —
506. *B* font les p. —

Berichtigungen:

Statt Ptolemäus ist überall Ptolemeus zu lesen. — In den Varianten sind auf S. 49—56 Apostrophe gesetzt, die besser getilgt werden. —

S. 12 Anmerkg. 37 statt 27 —
„ 13 Z. 5 Makkabäus statt Makkabaus —
„ 49 Anmerkg. passe statt passé —
„ 50 V. 34 en statt an —
„ 56 V. 365 Ja statt A —

Vita.

Hermannus Everlien natus sum in vico Wenzen Brunsvigae calendis Februariis anni h. s. LXXI patre Henrico, quem mortuum lugeo, matre Emilia e gente Rasch. Fidem profiteor evangelicam. Primis litterarum elementis imbutus, cum tertium decimum annum agerem, gymnasium reale adii Goslariense, in quo octo annis permansi. Testimonium maturitatis vere anni h. s. 92 adeptus me contuli Gottingam litteris philosophicis per quinque semestria operam daturus. Tum Genevam transmigravi. Ibi moratus sex menses Halas me contuli. Docuerunt me cum alii tum hi professores:

Heyne, Mercier, Miller, Morsbach, Roethe, Stimming, Weiland, Weiss;

Bouvier, Duproix, Jaquemot, Thudichum;

Droysen, Erdmann, Heuckenkamp, Simon, Strauch, Suchier, Thistlethwaite, Wagner, Wiese.

Seminariorum exercitationibus interfui apud Droysen, Erdmann, Strauch, Suchier, Thistlethwaite, Wagner, Wiese.

Quibus viris illustrissimis optime de me meritis, in primis autem Hermanno Suchier gratias ago quam maximas et semper agam.